KB073361

I AM DOER!

_____

찐팬이 키운 브랜드
주말랭이

MON   TUE   WED   THU   FRI

6만 구독자 뉴스레터 성장일지

찐팬이 키운 브랜드

주말랭이

SUBSCRIBE
NEWSLETTER

황엄지(몽자) 지음

READ 👁 DO

사실 이 모든 일들은 우연히 시작되었다.

갑자기 찾아온 번아웃,

대화하다 우연히 정한 '주말랭이' 이름 네 글자,

예상조차 못했던 퇴사까지.

〈주말랭이〉는 2024년 현재도 생존 중이다.

1년 만에 흑자 전환을 했고 팀원은 네 명이 되었다.

회사가 성장한 만큼 나도 세상을 배웠다.

어렵고 힘든 시간도 자주 찾아왔지만,

다시 돌아가도 나는 같은 선택을 할 것이다.

'이번 주말에 무얼 하고 싶나요?'

푸릇푸릇한 자연에서 한가로이 광합성을 하며 에너지를 충전하는 것도 좋고, 가까운 이들과 함께 제철 음식을 맛보러 식도락 여행을 떠나보는 것도 훌륭한 선택이다. 집에서 좋아하는 음악과 음식을 즐기며 오롯이 나만을 위한 시간을 가지는 것도 꽤나 근사하다.

'주말'은 상상만으로도 기분이 좋아지는 마법 같은 단어다. 일상에서 벗어나 자유롭고 행복한 시간을 보낼 수 있다는 기대감이 가득한 주말. 그 시간을 더욱 특별하게 만들어주는 브랜드가 있다. 바로 전국 6만 명의 구독자와 함께하고 있는 〈주말랭이〉다.

뉴스레터 〈주말랭이〉는 지친 일상을 보내고 있던 평범한 직장인 세 명이 후회 없는 주말을 보내고 싶어하는 마음에서 싹을 틔웠다. 월요일 출근길부터 주말만을 기다렸지만 정작 토요일이 되면 가고 싶은 곳이 떠오르지 않는 어려움, 계획을 짜는 귀찮음과 불편함을 해소하고 싶었다. 직장을 다니며 사이드 프로젝트로 주말을 잘 보낼 수 있는 정보를 담은 뉴스레터를 시작했다.

2020년 8월에 '이게 될까?'라는 마음으로 첫 번째 레터를 발송했고 어느덧 4년이 지났다. 지금까지 200통의 레터를 보냈다. 작은 호기심과 주말에 대한 문제의식에서 시작한 레터 한 통은 어느새 주목받는 브랜드이자 스타트업으로 성장했고, 나는 대기업 직장인이란 명찰을 떼고 작은 조직의 대표가 되었다.

〈주말랭이〉를 시작한 이유는 돈벌이가 아닌 자아실현이었다. 안정적인 직장에서 꽤 만족스러운 보수를 받고 있었고, 워낙 일을 좋아했기에 소위 미디어에서 말하는 파이어족이나 N잡러가 되고 싶은 마음은 딱히 없었다. 그래서 〈주말랭이〉 회의를 할 때면 '돈' 이야기는 없었고 당장 인기 있는 트렌드보다는 우리가 하고 싶은 이야기를 전했다. 그렇게 약 2년간 무보수에 가깝게 뉴스레터를 운영했다.

이런 사정을 알았는지 구독자들에게 "오래오래 만나고 싶으니 제발 광고라도 받아주세요", "수익을 너무 신경 안 쓰는 거 아닌가요? 이러다 사라질까 겁나요"와 같은 걱정 어린 메시지도 받곤 했다. 하지만 우리의 뚝심 있는 진심이 통했는지, 이제는 "함께 성장하는 기분이라 제가 다 뿌듯해요. 저도 〈주말랭이〉에 취업하고 싶은데 사람 안 뽑나요?"와 같은 과분한 응원을 받으며 건강하게 성장하고 있다.

많은 이들이 가고 싶어하는 대기업을 뛰쳐나와 나만의 브랜드를 운영하고 있으니 다양한 질문을 받았다.

"저도 퇴근하고 사이드 프로젝트를 하고 싶은데, 어떻게 시작하나요?", "시작은 쉬운데 지속하는 게 어려워요. 어떻게 그렇게 오래하나요?"

우리에게 오래된 맛집이 지키는 레시피 같은 비결은 없지만 한 번도 포기하지 않고 꾸준히 성장할 수 있었던 강력한 이유는 있다. 그것은 바로 '내적 동기'다.

명예나 성장, 성공, 돈과 같은 외부적인 이유가 아니라 진심으로 주말을 행복하게 보내고 싶어서, 우리를 기다리는 이들이 있어서, 그저 주말에 무엇을 할지 고민하는 게 즐거워서… 내면에서 솟구친 동기들이 〈주말랭이〉를 이어가는 힘이 되었다. 그 강력한 마음으로 우리는 매주 목요일 밤을 새워가며 레터를 발송했다. 이러한 진심이 닿아 구독자들이 점점 늘어났고, 평범한 직장인들의 사이드 프로젝트는 어느새 사랑받는 브랜드로 성장할 수 있었다.

내적 동기가 성장을 이끌었다면, 생존의 중심에는 둘도 없는 동반자이자 조력자가 있다. 〈주말랭이〉의 구독자인 '랭랭이'들이다. 우리와 함께 주말을 소중히 여기며 색다른 경험을 통해 나만의 행복과 성장을 찾고 싶은 사람들. 2020년부터 지금까지 구독자들에게 받은 피드백은 무려 1만 2천 건이 넘는다.

잘할 때는 "이번 주 뉴스레터는 취향 저격이에요. 이런 정보는 대체 어디서 찾는 건가요? 대체 불가 주말랭이!" 아낌없는 칭찬을, 실수할 때면 "이런 단어는 지양하면 좋겠어요!" 단호한 쓴소리로 귀한 피드백을 보낸다. 전체 구독자의 70%는 지인 추천을 통해 우리 뉴스레터를 구독했다고 응답한다. 주변에 "주말랭이를 아직도 몰라? 얼른 구독해" 입소문을 내며 마케팅팀이 없는 우리의 마케터가 되어주었다. 우리가 방향을 잃었을 때에는 초심을 기억하자며 토닥여주었다. 그들은 단순히 고객이나 유저, 구독자가 아니라 우리를 키우고 살린 사람들이다. 매주 이야기를 전하고, 소통하는 시간이 쌓이니 둘도 없는 든든한 구독자 친구들이 생겼다. 어느새 외부에서 〈주말랭이〉는 "찐팬이 많은 브랜드", "찐팬이 만든 브랜드"로 불리고 있었다.

우리 팀에는 매일 업무 시작 전에 꼭 지키는 루틴이 있다. 한 명씩 구독자들의 피드백을 랜덤으로 골라 소리 내어 읽는 것. 처음에는 어색했지만 지금은 우리만의 당연한 루틴이 되었다. 매일매일을 구독자 목소리로 시작하며 고마움을 잊지 않으려고 한다.

이 책에는 '콘텐츠로 월급 두 배 버는 법'이나 '퇴사하는 법'과 같은 외적 동기를 충족시키는 노하우는 없다. 당장의 조회수

나 좋아요를 늘릴 수 있는 후킹한 콘텐츠 제작 요령도 다루지 않는다.

다만 평범한 이들이 강력한 내적 동기를 가졌을 때 일어나는 일들을 세세하고 솔직하게 담았다. 우리는 아직 대단한 성공을 거두었다고 말하기는 어렵고 앞으로 갈 길이 한참 멀지만, 구독자 80명에서 시작한 사이드 프로젝트 성장기가 누군가에겐 용기와 힌트가 될 수 있겠다는 생각으로 그간의 이야기를 한 권의 책으로 기록했다.

시작은 했지만 지속할 수 있을지 고민하고 있다면 여유를 갖고 과정의 즐거움을 있는 힘껏 즐겨보면 어떨까? '이걸 통해 얼마를 벌어야지', '성공을 해야지', '무엇이 되어야지'와 같이 목적지를 정해놓고 달리는 것보다 어설퍼도 하나씩 완성하는 과정을 즐기는 것이 더 오래오래 지속하는 방법일 수도 있다. 그런 여정 자체가 어떠한 보상보다 강력하다고 믿는다.

콘텐츠를 만들며 '하고 싶은 이야기'와 '잘 팔리는 콘텐츠' 사이에서 고민이 생겼을 때, 사이드 프로젝트를 해보고 싶은데 망설여질 때, 뉴스레터라는 매체에 호기심이 생겼을 때, 혹은 내

속에 숨겨진 열정과 내적 동기에 불을 지피고 싶을 때도 우리의 이야기가 하나의 레퍼런스가 되었으면 좋겠다.

수많은 콘텐츠가 쏟아지는 세상에서 매주 금요일마다 우리 레터를 열어 읽고 좋아해주는 전국의 랭랭이들에게 진심으로 사랑의 마음을 전한다. 당신들이 없다면 〈주말랭이〉도 없다는 사실을 자랑스러워해주시면 좋겠다.

주말랭이 성장
TIMELINE

구독자수

2020. 6. 2

사이드 프로젝트 시작!

친구 셋과 팀을 결성했다.

0

2020. 6. 18

뉴스레터 주제를 정했다.

익숙한 질문 "주말에 뭐하지?"

2020. 8. 14

구독자 80명 대상

첫 레터 발송.

80

2021. 3. 10

이럴 수가! 첫 유료 광고 제안.

5만 원의 첫 수입.

2k

1

2021. 8. 13

홈페이지 제작.
앞으로 여기서 어떤 일이 펼쳐질까?

5k

2022. 4. 22

본업과 주말랭이 사이에서
균형을 잡으려고 애 쓰는 중이다.
새벽까지 마감하는 게 일상이 되었다.

10k

2022. 11. 8

2년이 지나니
매출이 늘고, 많은 곳에서 재밌는 제안이 온다.

20k

2022. 12. 13

본업에도 총력을 다하고 있지만
주말랭이에 들이는 노력이 커질수록
나만 아는 실수가 늘어난다.
고민도 늘어간다.

2023. 2. 3

결국… 퇴사했다!

이제 뭐부터 할까?

2023. 9. 26

3대 1의 경쟁률을 뚫고

판교의 경기콘텐츠진흥원 건물 입주!

팀원들이 기뻐하니 신난다.

2023. 11. 3

〈주말랭이〉의 신사업, 경험상점 런칭!

오픈하자마자 반응이 뜨겁다.

NOW

창업 1년 만에 흑자 전환에 성공!

예측 불가한 시대 속에서 우리만의 길을 찾고 있다.

다음엔 뭘 할까?

PART 1

낮에는 직장인
밤에는 뉴스레터 발행인

PART 2

본업은 주말랭이입니다

PART
1

**낮에는 직장인
밤에는 뉴스레터 발행인**

+ 1 DAY

내게는 영영 오지 않을 것만 같았던
번아웃과 무기력이 찾아왔다.
지금 나에게 필요한 것은 무엇일까?

- 2020. 5. 26

#1
나에게 번아웃이 오다니

네이버에 입사한 지 6개월 차. 평생 오지 않을 것만 같았던 번아웃이 나에게도 왔다. 그동안 내게 일은 삶의 전부였다. 퇴근 후에도 일을 더 잘하고 싶어 머릿속은 오로지 업무 생각뿐이었던 나에게 번아웃이 오다니. 아직 이 반갑지 않은 손님을 맞이할 준비가 안 되었는데….

번아웃 burn out은 소진(燒盡)을 뜻한다. '소(불사지를 소)'는 머리 위에 흙덩이 세 개를 얹고 있는 사람과 활활 타오르는 불이 합쳐진 한자로, '심신이 모두 불에 탄 것처럼 지친 상태'를 의미한다고 한다. 우리가 즐겨 마시는 소주의 '소'와 같은 한자다. 정말 번아웃은 소주와 닮아 있었다. 소주를 진탕 먹고 나면 몰려

오는 숙취처럼, 번아웃이 주는 피로감과 무기력함은 몹시 괴로웠다.

그렇게 침대에 누워 있던 어느 날, 문득 의문이 들었다. '그런데 나는 지금 왜 힘들지?' 나는 지쳤고 무기력하지만 그 원인을 알 수 없었다. 나도 나 자신을 이해하기 어려웠다. 몇 차례 이직을 거쳐 그렇게나 원하던 직장에 들어갔고, 좋은 환경과 멋진 동료들이라는 최상의 조건에서 일하는데 대체 왜? 업무량과 난이도, 속도도 그동안 내가 해왔던 것에 비하면 아주 무리하는 것도 아니었다. 그럼 나는 지금 엄살을 부리고 있는 걸까? 그렇게 한참을 내 안에 질문들을 던지며 매일 밤 일기를 썼다. 내 감정을 차분히 기록하며 원인을 찾던 중 한 가지 생각이 떠올랐다.

"나는 스케치 없는 백지를 더 좋아하는 사람이 아닐까?"

일을 할 때, 아무것도 없는 하얀 도화지가 주어지면 신나게 스케치를 하는 사람과 대략적인 스케치가 주어지면 그 안에서 조화롭게 색을 잘 칠하는 사람이 있다. 나는 전자의 사람이었다. 스타트업과 달리 더 많은 사용자들이 사용하고, 작은 변화로도 큰 효과를 끌어내야 하는 대기업 특성상 이곳이 내게 주는 도화지에는 촘촘한 스케치가 그려져 있었다. 그간 내가 즐겁게 일한 순간들을 떠올려봤다. 나는 아무 그림 없는 백지를 받았을 때 신이 나서 밤낮 없이 몰입해 일했다. 새하얀 백지. 첫 번째 원인이다.

두 번째 원인도 어렴풋이 알 것 같았다. "배는 항구에 있을 때 가장 안전하지만, 그것이 배의 존재 이유는 아니다"라는 말이 있다. 지금 나의 존재 이유는 뭐지? 10대에는 대학교라는 관문을 통과하기 위해, 20대 초반엔 취업이라는 목표를 위해 달렸다. 취업 후에는 원하는 회사에 이르기 위해 성장과 배움을 멈추지 않고 치열하게 나아갔다. 그토록 꿈꿔온 나만의 결승점에 도착했지만, 나에게는 다음 목표가 없었다. '이제 나는 어디로 달려야 하지?' 매순간 결승점 도착을 상상하며 움직인 내게 더이상 꿈꿀 결승점이 없어진 것이다. 나의 달리기는 방향과 속도를 잃었다.

그럼… 이제 어떻게 하지?

#2
그래서, 네가 가고 싶은 방향이 먼데?

누구보다 일에 진심이었다. 내 인생의 0순위는 오로지 회사에서의 성장이었다. 퇴근 후에는 회사에서 더 일을 잘하고 싶어 자기계발에 몰두했다. 업무 평가도 잘 받았고, 능력을 꽤나 인정받기도 했다. 나에게 '워라밸'은 다른 세상 이야기였다. 너무 경쟁에 몰두하고 심취한 나머지, 워라밸을 추구하는 사람이 많아질수록 나의 경쟁력은 올라간다고 믿을 정도였으니. 내 인생엔 오직 일뿐이라서 취미라고는 퇴근 후 회사 사람들, 혹은 지인들과 술잔을 부딪히며 트렌드나 일 이야기하는 것이 전부였다.

그런데 어느 순간 뒤를 돌아보니 공허했다. 내가 좋아했던 선배들의 뒷모습이 그다지 아름답지 않았다. 내가 가고자 하는 방향이 아니라는 생각이 들었다.

'나는 뭘 위해 이렇게 달렸지?'
'회사를 다니며 나도 성장했어. 하지만 경력이 쌓일수록 성장 속도는 줄어들 거야.'

그제야 나라는 사람이 보였다. 내 취향은 뭐지? 회사 밖의 나는 어떤 사람이라고 소개할 수 있을까? 무엇을 좋아하고 잘하지? 내가 추구하는 삶의 방향은? 나는 어떻게 나이 들어가고 싶지?

한 번도 생각해본 적 없는 의문들이 떠오르면서 번아웃은 더욱 심해졌다. 산 정상에 오르고 싶은데, 정작 현실은 깊은 물에 빠져 허우적거리는 기분이었다. 처음엔 내가 미쳤다고 생각하기도 했다. '너답지 않게 왜 이래? 정신 차려!' 하며 스스로를 더 채찍질하고 미워하기도 했다. 그럴수록 나는 더 작아졌고 빛을 잃었다. 나 자신에게 숙제를 하나 내주었다. '그래서 네가 가고 싶은 방향은 뭔데?' 이 질문에 답하기.

우선 '내가 행복할 때는 언제일까?'를 떠올렸다. 곰곰이 생각해보니 나는 주체적으로 일할 때 행복했다. 작은 가게를 차린다고 상상할 때면 가게 이름부터 인테리어, 작은 소품까지 스스로 결정하며 취향이 곳곳에 깃든 공간을 즐겁게 만드는 나의 모습이 떠올랐다. 나에겐 돈은 그다지 중요하지 않았다. 삶을 행복하게 해주는 요소임이 분명하지만, 유통 기한은 짧을 것 같았다. 내게 가장 중요한 것은 주도적으로 살고 싶은 마음이었다. 지금까지의 생활에 뭔가 변화가 필요했다.

고민 끝에 나는 퇴사하지 않고 주체적으로 할 수 있는 일을 해보기로 했다. '사이드 프로젝트'였다. 나는 돈도 능력도 사람도 아이템도 없지만, 사이드 프로젝트라면 일단 시작은 할 수 있을 것 같았다. 아직 내 안의 물음들에 명확히 답을 찾진 못했다. 그러니 회사는 충실히 다니되, 그 답을 찾기 위한 작은 일을 벌여보자는 생각이었다.

신기하게도 사이드 프로젝트라는 새로운 목표를 그리고 나니 번아웃에서부터 조금씩 벗어날 수 있었다. 적극적으로 참여하는 사람이 아니라, 주도적으로 진행하는 사람이 되자고 결심했다. 사이드 프로젝트 계획을 그릴수록 회사 일도 더 열심히 하고 싶다는 마음이 들었다. 돌아온 이 감정이 반가웠다. 무엇을 해볼까? 나는 어떤 것을 잘할 수 있지? 사람들은 어떤 사이드 프로젝트를 하지? 새로운 질문들이 솟아났다.

#3
사이드 프로젝트의 첫 시작

가슴이 두근거렸다. 사이드 프로젝트를 한다는 것은 나를 소비자에서 생산자로 바꾸는 것. 어떤 채널에서 어떤 것을 생산해야 할까? 사이드 프로젝트를 시작하는 이유는 단순히 돈을 벌기 위해서가 아니다. 나는 나의 존재 이유를 찾고 싶었고, 내가 누군가에게 도움이나 기쁨을 줄 수 있는 사람인지 확인하고 싶었다. 따라서 수익 창출이 주목적으로 느껴지는 분야의 전자책, 스마트스토어, 해외 구매 대행과 같은 일은 선택지에서 덜어냈다. 그러고 나니 인스타그램이나 유튜브, 틱톡과 같이 플랫폼을 활용한 콘텐츠 프로젝트가 남았다. 이리저리 비교해보고 고민한 끝에, 현재 내 상황에 가장 잘 맞는 '뉴스레터'를 사이드 프로젝트로 정했다. 이유는 다음과 같다.

1. 이름을 부를 수 있다

뉴스레터를 하면 레터 구독자들의 이름을 부를 수 있다. 뉴스레터의 독보적인 강점이자 내가 이 채널을 선택한 가장 큰 이유다. 모두의 이름을 매번 기억하고, 불러줄 수 있다니! 이보다 매력적일 수 있을까? (지금도 〈주말랭이〉는 매주 수만 명의 이름을 한 명 한 명 부르고 있다.)

2. 능동적이다

인스타그램과 유튜브 같은 플랫폼에 콘텐츠를 올릴 때의 장점은? 바로 알고리즘이다. 나의 콘텐츠를 더 많은 사람들에게 더 빨리 전할 수 있다. 운이 좋아 알고리즘의 간택을 받으면 급속 성장까지 기대할 수 있다. 그러나 나에게는 플랫폼 정책에 좌우되고 의존해야 하는 알고리즘 방식이 수동적으로 느껴졌다. 뉴스레터는 비록 알고리즘 같은 행운의 기회는 없지만, 구독자들의 사적인 영역인 메일함으로 직접 찾아가는 능동적인 채널이라는 점이 매력적이었다.

3. 연결하는 힘

코로나19로 경험한 고립 때문이었을까? 뉴스레터는 우리가 서로와 서로를 연결할 수 있는 가장 적절한 채널이라는 생각이

들었다. 우선 이름부터 '레터', 편지가 아닌가. 어떤 액자에 넣는지에 따라 같은 그림이라도 느낌이 달라지듯이, 같은 콘텐츠라도 편지라는 액자에 담으면 어딘가 더 가깝고 연결되는 느낌이 들었다. 뉴스레터는 그저 콘텐츠 생산자와 소비자가 아니라 비슷한 관심사를 지닌 친구끼리 이야기를 하는 느낌의 채널이라고 생각했다.

4. 적은 비용

본업에 지장이 안 가는 선에서 사이드 프로젝트를 하기로 결정했다. 회사 업무에 무리가 가지 않도록 적은 시간과 비용으로 할 수 있어야 한다. 유튜브나 인스타그램 등은 사진이나 동영상 촬영, 편집 등 시간과 비용이 꽤 들어가는 플랫폼이다. 반면 뉴스레터는 텍스트 기반의 서비스이기에 비교적 큰 비용이 들지 않아 사이드 프로젝트의 첫 시작으로 적합했다.

이렇게 사이드 프로젝트 채널을 결정했지만, 바로 아이디어를 구상하거나 콘셉트를 기획하지 않았다. 우선 프로젝트를 함께할 동료를 찾아 나섰다. 뉴스레터는 혼자 하는 사람도 많은데 왜 굳이 친구를 찾았냐는 질문을 종종 받곤 한다. 나는 나 자신을 알고 있었다. 내가 무엇을 잘할 수 있으며 어떤 부분이 부족한지. 나의 부족한 부분을 채워줄 사람이 필요했다.

함께 요가를 배우며 인연을 맺은 언니 메이와 만난 어느 날이었다. 메이는 다니던 회사를 퇴사한 뒤, 요가 강사를 하고 있었다. 사랑하는 일을 업으로 해서인지 근래 내가 만난 모든 사람 중에 눈빛이 가장 살아 있었다. 반면 나는 번아웃에서 이제 막 벗어나던 참이었다. 거울을 볼 때마다 동태 눈알처럼 생기 없는 눈을 마주하곤 했다. 그날 마주한 메이의 눈은 반짝이는 구슬을 품고 있다고 표현해도 모자랄 정도로 빛나고 있었다. 그 눈을 보자마자 나는 계획하지 않았던 제안을 꺼냈다. "언니, 나랑 사이드 프로젝트 같이 할래? 무척 재밌을 거야." 메이의 인생 모토는 '인생은 흐름을 타는 것'이었다. 그렇게 나는 첫 번째 동료를 모집했다.

두 번째 동료 엘리는 부정하고 싶지만 그럴 수 없는 나의 단점, 부족한 끈기가 찾아줬다. 나는 시작은 거침없이 잘하지만 하나를 끝까지 파는 것은 힘들어하는 편이다. 사이드 프로젝트를 오래하려면 끈기 있는 사람이 필요하다고 느꼈다. 무언가를 꾸준히 하는 사람을 찾다보니, 나의 오랜 친구 엘리가 떠올랐다. 무언가를 늘 성실히 가꾸는 엘리. 나와 비슷한 시기에 일을 시작한 엘리에게도 일과 생활에 리프레시가 필요할 것 같아 사이드 프로젝트를 제안했다. 운명이었는지 5분도 채 안 되어 승낙했고, 그렇게 우리 세 명은 하나의 팀이 되었다.

+ 7 DAY

뉴스레터 사이드 프로젝트를 함께할
팀원 두 명을 찾았다.

- 2020. 6. 2

+ 23 DAY

뉴스레터 주제를 뭐로 하지?
다이어트? 신상 정보? 유튜브 채널 추천?
주제를 정하기 전에 서로의 고민을 먼저
터놓고 이야기하기로 했다.
그러다 메이 언니가 내게 "금요일에 다들
무슨 고민해?"라고 질문을 던졌다.
나는 "주말에 뭐 할지!"라고 답했다.

그 순간, 우린 유레카를 외쳤다.

- 2020. 6. 18

#4
80명에게 보내는 첫 번째 주말 편지

그래서, 어떤 뉴스레터를 만들 건데?

뉴스레터를 처음 시작할 때 가장 어려웠던 것은 바로 '주제 선정'이다. 각자 하고 싶은 것을 말해보자고 했더니, 다이어트 영상 큐레이션, 편의점 신상 소식, 밀키트 큐레이션 등 다양한 아이디어가 쏟아졌다. 그러나 어느 한 명이 마음에 들면, 다른 누군가는 썩 내키지 않아 모두가 동의하는 주제를 쉽사리 찾을 수 없었다.

그래서 다시 원점으로 돌아가기로 했다. '무엇을 할지' 이야기하기 전에, 서로의 라이프스타일과 그 안에 어떤 고민이 있는

지 들여다보기로 했다. 우리는 어떤 사람이고, 생활 속에서 어떤 불편함을 느끼고 있는지. 그렇게 각자의 근황과 시시콜콜한 이야기들을 이어나갔다. 그날은 목요일 오후였다. 다음 날은 모든 직장인들이 기다리는 금요일. 메이가 질문을 던졌다.

"내일 금요일이네. 금요일엔 보통 어떤 생각해?"

머리가 땅 울렸다. 우리는 금요일이면 주변 친구, 동료들과 '주말에 무엇을 할지' 이야기하고, 월요일에는 '지난 주말을 어떻게 보냈는지' 말한다. 여러 회사를 다녔지만 이 대화 패턴은 어디에서나 반복되었다. 그러나 나는 회사에서도 유명한 집순이었다. 집이나 동네를 벗어나지 않았고, 늘 비슷한 주말을 보냈다. 그래서인지 '주말을 어떻게 보냈는지'를 나누는 대화가 내겐 썩 유쾌하지 않았다. 딱히 쉰 것 같지도 않고, 아주 만족스러운 시간을 보낸 것도 아닌데 월요일은 어김없이 찾아왔으니까. 메이의 질문을 듣자, 무의식 안에 잠들어 있던 주말에 대한 나의 불만족, 문제의식이 깨어났다.

나는 금요일마다 주말에 뭐 할지 생각은 하는데, 왜 늘 비슷한 시간을 보내고 있지? 나도 새로운 경험을 하고 싶은데… 언제부터 집순이가 됐지?

평일에 직장 생활을 하며 너무 많은 에너지를 소진했고, 주말에 새로운 곳을 가기 위해 검색하다보면 광고가 너무 많아 진짜 정보를 선별하는 게 너무나 번거롭고 수고스러웠다. 알고 보니 나는 집을 좋아해서 집에 있는 것이 아니었다. 군이 이렇게까지 해서 새로운 걸 해야 하나 싶은 마음이 컸던 것이다. 분명 나와 비슷한 직장인들이 분명 많을 텐데. '주말에 뭐 하지?' 물으면 알아서 센스 있게 알려주는 서비스는 없을까? 그래, 바로 이거다!

우리가 뉴스레터 주제 선정을 할 때 세운 기준은 두 가지였다.

1. 지속할 수 있을 것

유행과 흐름을 타지 않는 주제여야 한다. 다양한 정보를 우리만의 필터로 큐레이션 하기 위해서는 '다양한 정보'가 끊임없이 계속 생산되어야 한다. 10년 전에도, 지금도, 10년 후에도 지속적으로 이야기하는 주제를 찾고 싶었다.

2. 문제의식에 함께 공감할 수 있을 것

우리 세 명 모두 공감하고, 재미있게 큐레이션 할 수 있는 주제여야 한다. 포인트는 '모두'이다. 그래야 진심을 다해 만들 수 있고, 지치지 않고 오래할 수 있으니까. 그저 하면 잘될 것 같거나 유행하는 주제보다 우리가 해결하고 싶은, 공감하고 동감하는 콘텐츠를 선택하고 싶었다. '주말'에 대한 문제의식은 우리 세 명 모두가 공감하는 주제였다.

이렇게 '주말에 뭐 하지?'라는 뉴스레터 주제가 결정되었다. 방향이 정해지자 그 다음 일들은 순조롭고 빠르게 진행되었다. 간편한 뉴스레터 제작을 위해 스티비 서비스에 가입했고, 우리 팀 이름으로 된 메일 계정을 생성하며 뿌듯함을 만끽했다. "레터에서 주말 날씨도 알려주면 좋을 것 같아"라는 의견에 따라 뉴스레터 상단에 날씨 섹션을 추가했고, "주말 데이트 코스를 시간대별로 소개해 주면 어떨까?"라는 의견에 맞춰 콘텐츠를 풀어보았다. 그렇게 우리는 첫 번째 레터를 보내기 위한 준비에 돌입했다.

Making Tip
뉴스레터 주제를 선정할 때는

나도 모르게 느끼고 있는 문제점, 불편한 점이 있는지 잘 들여다보자. 어쩐지 잘될 것 같은 트렌디한 주제보다 내가 진심으로 공감하는 주제를 선택해야 뉴스레터를 오래할 수 있다. 디테일이 좋은 콘텐츠들은 깊은 공감에서 만들어지는 경우가 많다.

지금은 연재를 종료한 레터를 포함한 뉴스레터 레퍼런스를 최대한 많이 찾아보자. 같은 주제라도 '다르게' 풀 수는 없는지 생각해보면 힌트를 얻을 수 있다. 예컨대 똑같이 유튜브 영상을 추천해주는 것이 주제여도, 다른 방식과 필터로 소개할 수도 있다.

'검색하기 귀찮다는 고민을 해결해주려면?' 이라는 관점으로 주제를 생각해보자. 사람들은 검색할 때 어떤 귀찮음을 느끼고 있을지, 그걸 어떻게 해결해주면 좋을지 고민하면 좋은 아이디어가 떠오를지도. ('주말에 어디 가지?'처럼 알고 싶은 정보가 있지만 막상 어떤 검색어로 찾아야 할지 모르는 주제들이 꽤나 많다.)

+ 69 DAY

뉴스레터 주제는 정했지만 이름을 짓는 게 어렵다.

이유는 모르겠지만 직관적인 한글 이름으로 하고 싶다.

떠오르는 이름이 많지는 않다.

그중에서 '주말랭이'가

귀여운 느낌이다.

- 2020. 8. 3

+ 74 DAY

우리 팀에는 디자이너도, 마케터도 없다.

게다가 이렇게 본격적으로 글을 쓰는 일은 세 명 모두 처음이다.

이렇게 시작해도 되는 걸까?

- 2020. 8. 8

드디어 첫 번째 뉴스레터를 보냈다. 대상은 지인 80명.
글을 너무 오랜만에 써서인지, 한 단락을 쓰는데
무려 세 시간 넘게 걸렸다.

– 2020. 8. 14

#5
미완성된 모습? 오히려 좋아

우리는 뉴스레터 크리에이터에 걸맞는 역량을 갖고 있지 않았다. 나는 기술정책서를 작성하는 등 업무를 위한 글쓰기는 해봤어도, 누군가에게 무언가를 추천하는 말랑한 글을 써본 적은 없었다. 게다가 나는 (내가 스티브 잡스는 아니지만) 옷만큼은 매일 같은 것을 입고 싶을 만큼 디자인 감각도 없다. 그 뿐인가. 마케팅과 브랜딩은 다른 세상 이야기처럼 멀게 느껴졌다.

〈주말랭이〉 뉴스레터는 다른 뉴스레터처럼 귀여운 캐릭터도, 번듯한 구독 페이지도, 센스 넘치는 뉴스레터 디자인도 없었다. 글 쓰는 것이 어려워서 장소 소개문의 분량은 200자를 채 넘기지 못했다. 로고는 무료 이미지를 제공하는 사이트에서 다운로드한 고양이 그림을 사용했다. '이렇게 시작해도 되나?' 싶을 만큼 서툰 부분이 한없이 많았다. 하지만 하나씩 완성해가는 것 또한 우리의 스토리고, 고유한 모습이라고 생각하며 용기를 냈다.

그렇게 열정만으로 우당탕탕 만든 첫 번째 레터가 완성되었다. 2020년 8월 14일, 팀원 세 명의 지인들로 구성된 80명의 구독자에게 〈주말랭이〉의 첫 번째 레터가 발송되었다.

이때의 첫 레터를 떠올리면 조금 부끄럽기도 하지만, 우리에게는 아주 큰 의미가 있다. 완벽이 아니라 '완성'을 추구해서 나온 용기의 산출물이자 우리 뉴스레터의 시작을 알리는 신호탄이었기 때문이다. 다시 생각해 보아도, 처음 시작할 때 우리에게 필요했던 것은 '쫄지 않고 그냥 해보는 용기'였다. 어쩌면 우리가 경계해야 하는 것은 '오답'이 아니라 '정답은 하나'라는 생각이 아닐까.

Ps. 그렇게 탄생한 첫 번째 레터를 다음 페이지에 QR로 덧붙인다. 지금의 〈주말랭이〉와 어떻게 다른지 비교해서 보는 재미를 느껴보시길. 서툴지만 어떻게든 '완성'하고자 했던 의지와 '이렇게도 시작할 수 있구나' 용기를 주는 귀여운 완성도가 누군가에게 또다른 용기가 되면 좋겠다.

▲ 첫 번째 레터 보러 가기

Making Tip
뉴스레터 발송 플랫폼 비교

'나도 뉴스레터를 보내겠어!' 다짐했다면 가장 먼저 드는 생각은 아마도 '어디서 어떻게 시작해야 하지?' 아닐까. 다행히 스스로 메일 발송 프로그램을 만들지 않아도 되는 시대다. 가장 대표적인 뉴스레터 플랫폼인 스티비, 메일리, 메일침프를 소개한다. 어떤 곳이 더 좋다고 이야기하기는 어렵다. 각 플랫폼의 장단점과 특징이 다르니 자신에게 더 적합한 곳을 선택하길 추천한다. (《주말랭이》는 세 곳을 모두 경험했으며, 현재 사용성 및 안정성의 이유로 스티비를 이용하고 있다.)

	스티비	메일리	메일침프
소개	국내 많은 기업과 크리에이터가 사용하는 뉴스레터 플랫폼	개인 크리에이터가 주로 사용하는 플랫폼	전세계 240만 명의 사용자 보유 해외 뉴스레터 플랫폼
서비스 시작일	2016년	2020년	2001년
언어	한글	한글	영어
대표 뉴스레터	뉴닉, 주간 배짱이, 까탈로그, 주말랭이	생각노트, Trend aworld, 일상문구사	Morning Brew, 비마이펫, 사이드
가격	구독자 500명까지 월 2회 발송 무료	개인 회원은 100% 무료 이용 가능	구독자 500명까지 무료
CS	챗봇 지원	챗봇 지원	이메일 및 채팅 지원
템플릿	제공 (42여 개)	미제공	제공 (300여 개)
가이드	블로그, FAQ, 스요레터를 통해 다양한 활용 사례 제공	FAQ 제공	홈페이지에서 다양한 활용법 및 사례 제공
통계 제공	구독자 및 레터별 오픈/클릭 비율, 클릭맵 등	레터별 오픈/클릭/조회 등 (상세 지표는 GA에서 확인 가능)	구독자 및 레터별 오픈/클릭 비율, 클릭맵 제공 (상세 지표는 GA에서 확인 가능)
A/B테스트	제공	미제공	제공
SaaS 서비스들과의 연동	카페24, 워드프레스, 식스샵, 도너스, 엠샵 멤버스 연동 가능	미제공	Canva, Shopify, Salesforce 등 해외 여러 서비스들과 연동 가능
뉴스레터 아이덴티티를 담은 별도 페이지	제공	제공	제공

수익 창출 기능	제공 (유료 구독 멤버십 기능)	제공 (유료 구독 멤버십, 후원하기 기능)	미제공
AI	미제공	미제공	GPT-3 AI를 활용한 제목, 이메일의 문구, 레이아웃 등 개선 제안
리퍼럴 이벤트	미제공(활용은 가능)	제공	제공
이런 분께 추천	이메일 마케팅을 도입하고 싶은 기업 마케터 또는 확장성을 고려하는 개인 창작자	비용 부담 없이 뉴스레터를 보내고 싶은 개인 창작자	해외 유저를 타겟으로 하는 뉴스레터 창작자

※ 본 정보는 2023년 8월 기준으로 작성되었습니다.

+ 138 DAY

뉴스레터 시작 3개월 차.
딱 3개월만 해보자며 시작했는데
시간이 빠르게 흐른다.
여기서 멈추기엔 이 일이 너무 재밌다.
아이러니하지만 〈주말랭이〉 사이드 프로젝트 덕분에
회사 일도 더 열심히 하고 있다.

- 2020. 10. 11

+ 220 DAY

연말 여행도 갈 겸
뉴스레터 방학 공지를 하고 레터를 휴재했다.
그런데 구독자들이 "왜 레터가 안 오나요?"
속상하다는 의사를 내비쳤다.
우리를 기다리는 사람이 있다니!

- 2021. 1. 1

#6
오래하고 싶어서,
우리가 세우고 지키는 원칙

자동차는 시동을 건 뒤 엑셀을 밟으면 브레이크를 밟지 않는 이상 자연히 앞으로 간다. 우리도 첫걸음을 떼니 다음, 그다음 뉴스레터를 만드는 일은 그렇게 어렵지 않았다. 지인으로 구성된 80명의 첫 구독자들이 입소문을 내주어 구독 수는 100명, 200명으로 늘어났다. 기분 좋은 책임감이 커졌다.

우리 팀 모두에게 사이드 프로젝트는 처음이어서 명확한 역할 구분과 책임, 보상 혹은 페널티 같은 규칙을 정하지 않았다. 우린 '그냥' 목요일마다 퇴근 후에 너무나 당연하게 컴퓨터 앞에 앉았다. 누군가에게 도움을 주는 것, 단 한 명이라도 내 목소리에 귀를 기울인다는 것은 무척 위대하고 대단한 일이다. 치열

한 자본주의 사회에서 특별한 수익과 보상 없이 성인 세 명을 이토록 즐겁게 일하게 했으니까. 우린 매주 목요일 저녁에 모여 다른 이들의 주말 놀거리를 신중하게 토론했고 글로 써서 금요일 아침에 구독자들의 메일함을 두드렸다.

그렇게 약 5개월이 지났다. 자동차도 브레이크 없이 시속 60km로 계속 직진만 하면 사고가 난다. 나는 이 사실을 몸으로 느꼈다. 사이드 프로젝트를 하는 만큼 본업에 충실했기에, 회사에서 점점 더 중요한 프로젝트를 맡게 되었다. 매일 야근을 피할 수 없을 만큼 바빠졌다. 회사 일을 더 잘하고 싶은 마음이 생기니, 어느 순간 목요일 저녁에 뉴스레터 일로 모이는 것이 부담으로 다가왔다.

처음에는 다른 팀원들에게 피해를 주고 싶지 않았기에 티를 내지 않았다. 목요일 저녁에는 본업을 잠시 중단하고 뉴스레터를 작업했고, 그날 새벽에 다시 본업을 했다. 그러다보니 목요일이면 새벽 네다섯 시에 잠들곤 했고, 당연히 금요일의 회사 생활에 지장이 갔다.

'정말 즐겁고 행복한 일이긴 하지만… 본업에 이렇게까지 지장이 가는 게 괜찮을까? 유튜브처럼 당장 돈을 벌 수 있는 것도 아니고… 나는 이걸 왜 하고 있는 거지?' 사랑도, 일도 사실 체력이 전부다. 생활 패턴이 무너지자 사이드 프로젝트에 회의감이 들며 나도 모르게 부정적인 생각이 들었다. 그럴 때면 이러면 안 된다며 나를 다독였다. 어느새 나에게 월요병보다 무서운 목요병이 찾아왔다.

마침 연말이었고, 사람들이 새해 계획을 세울 때였다. 나는 '〈주말랭이〉를 다시 진지하게 생각하는 시간을 가져볼까?' 고민하는 위기에 봉착한 금요일을 보내고 있었다. 그러다 운영에 소소하게 보탬이라도 될까 싶은 마음에 뉴스레터 최하단 한 켠에 소심하게 '후원하기' 버튼을 작게 추가하고 메일을 발송했다. 그런데… 이름 모를 어느 구독자님이 무려 3만 원의 후원금을 보내주셨다!

메일함 너머의 구독자들과 레터로 매주 금요일을 함께 보내고 있지만, 얼굴 한 번 본 적 없는 우리에게 이렇게 큰 금액을 후원해 주셨다는 사실이 충격적이었고 감격스러웠다. 후원금과 함께 짧은 메시지를 받았는데 그간의 피곤, 괴로움, 회의감들이 눈 녹듯이 사라졌다.

"회사에서 항상 〈주말랭이〉의 알찬 콘텐츠를 읽고 있습니다. 요즘 핫플은 어디인지, 좋은 아이템은 뭔지 궁금했는데 〈주말랭이〉 덕분에 좋은 정보를 많이 얻고 있어요. 비록 많지는 않지만 조금이라도 이 후원이 힘이 되어 더 좋은 콘텐츠를 만들어 주셨으면 좋겠습니다. 저도 〈주말랭이〉 보고 열심히 일해서 또 후원하겠습니다. 감사합니다!"

후원 메시지를 읽자 머리라도 한 대 맞은 것처럼 정신이 번쩍 들었다. 우리가 레터에 꾹꾹 눌러 담은 '당신이 행복한 주말을 보내길 바라요'라는 마음이 구독자들에게 닿았구나. 사이드 프로젝트는 나에게 그저 일task이 아니었다. 주말을 조금 더 잘 보내고 싶은 사람들을 연결하는 소중한 순간이었고, 내가 세상과 좀 더 가까워지며 행복해지는 시간이었다. 〈주말랭이〉를 시작할 때 나는 주말의 행복을 찾아 다른 이들과 나누고 싶었다. 그리고 그 나눔을 통해 행복을 배로 받고 있었는데, 피곤하다는 핑계로 이 사실을 잠시 잊었던 것이다.

이날 굳게 다짐했다. 구독자가 한 명만 남더라도 〈주말랭이〉 레터는 계속 보내자고. 우리를 기다려 주는 분이 한 명이라도 있는 한, 금요일 오전 여덟 시라는 시간을 엄수하자고. 정말 피치 못한 일이 아니라면 구독자가 예고 없이 뉴스레터를 못 받는 일이 없게 하자고. 이제 내 목표는 오직 하나였다. 뉴스레터 몸집을 더 크게 키우거나 돈을 많이 버는 것도 아닌, 그저 오래오래 구독자들의 주말에 함께하는 것.

목표를 정했으니 환경도 그에 맞게 바꿔야 했다. 지금처럼 무작정 달린다면 팀원들에게도 번아웃이 올 게 뻔했다. '오래오래 주말 함께하기' 라는 목표를 지키기 위해서는 어떤 장치가 필요할까? 세 명 모두 본업과 〈주말랭이〉를 병행하고 있기에 사이드 프로젝트와 본업의 경계선을 명확히 그어주는 게 일종의 안전 구역이 될 거라고 판단해 다음과 같은 원칙들을 정했다.

원칙 1. 무조건 본업이 우선

현재 〈주말랭이〉로 어떠한 수익도 발생하지 않는 상황이기에, 본업이 주는 수익과 안정감이 없으면 지금처럼 순수한 마음으로 뉴스레터를 운영하기 어려울 수 있다. 우리가 사이드 프로젝트를 즐길 수 있는 이유는 안정적인 본업이 있기 때문임을 잊지 말자. 그렇기에 본업이 늘 우선이다. 본업이 바빠서 뉴스레터 작업을 못 하게 되는 상황일 경우 서로 미안해하지 말자. 조금 더 여유가 있는 사람이 대신하거나 그 주 분량을 조절하는 등 사이드 프로젝트를 조절해야지, 본업을 다운그레이드하지 않을 것. 그리고 모든 팀원이 이에 대해 서로 이해해준다.

원칙 2. 여름과 겨울엔 2주간 휴재기 갖기

본업에도 연차나 휴가가 있으니, 사이드 프로젝트에도 휴가가 필요하다고 생각했다. '1년 중 직장인 구독자들이 뉴스레터를 가장 덜 보는 휴가 기간에 우리도 함께 쉬면 어떨까' 하는 의견이 나왔다. 그렇게 여름 성수기와 12월 연말에는 사전 공지 후 과감하게 2주간 레터를 휴재하는 결정을 내렸다. (실제로 운영해보니 해당 기간엔 독자들이 메일함을 잘 열지 않는 것이 확인되었고, 우리도 보다 편한 마음으로 충전 시간을 보낼 수 있었다.)

특별한 것 없는 원칙이다. 하지만 되돌아보면, 〈주말랭이〉가 지난 몇 년간 단 한 번의 지각이나 결석 없이 성실하게 메일함에 찾아갈 수 있었던 이유이기도 하다. 이 두 가지 원칙이 우리를 더 자유롭고 안전하게 만들어주었다. 간혹 원칙은 자유를 해치거나 행동을 제한한다는 오해를 받기도 한다. 하지만 우리는 원칙 덕분에 혼란을 느끼지 않고 안정감을 누릴 수 있었다. 오래하고 싶어서 세운 원칙이 우리를 자유롭게 해준 것이다.

+ 232 DAY

사이드 프로젝트를 하면서 활력이 생겼다.

신기하게도 본업의 소중함을 느낀다.

낮에는 회사 업무에 몰입하고

저녁에는 〈주말랭이〉 글을 쓴다.

온앤오프를 확실히 하는 일상을 보내고 있다.

- 2021. 1. 13

지금 〈주말랭이〉는 무료로 사용 가능한 이미지를
로고로 쓰고 있다.
문득 우리만의 캐릭터를 갖고 싶다는 생각이 들었다.
퇴근 후 '아이패드로 그림 그리기' 강의를 들으며
캐릭터 제작에 도전해봤지만
역시 디자이너라는 직업이 괜히 있는 게 아니었다.
언젠가 멋진 디자이너를 영입하고 싶다.

– 2021. 2. 21

+ 283 DAY

구독자 분들께 피드백을 받으면 정말 신난다. 짜릿하다! 아무래도 규모가 큰 회사를 다니다보면 고객과의 접점이 많지 않은데, 사이드 프로젝트 덕분에 고객의 소리를 가까이서 들을 수 있다. 재미있다.

– 2021. 3. 5

#7
무말랭이를 이긴 주말랭이

우리만의 일하는 원칙을 세운 뒤, 더 나은 콘텐츠를 제공하자는 사명감으로 매주 뉴스레터를 보냈다. 비가 오나 눈이 오나 뉴스레터를 발송했다. 그럴 듯한 동기 부여 요소가 있을 법하지만 사실 우린 '그냥' 했다. 이걸 왜 해야 하고, 나에게 어떤 점이 이로운지 계산하지 않았다. 직장에서 열두 시가 되면 점심 먹으러 자연스럽게 일어나듯이 우리도 '그냥' 자리에 앉아 레터를 썼다.

그렇게 조용히 한 통, 두 통, 세 통⋯ 계속해서 레터를 보내던 중, 정적을 깨는 달콤한 순간이 왔다. "그동안 수고 많았어" 말을 건네는 듯한, 작은 성과가 찾아온 것이다. 모멘텀 momentum 이라는 말이 있다. 물체가 변화하는 순간, 나아가는 힘 혹은 '중요한 순간'을 뜻한다. 나는 그날이 〈주말랭이〉의 첫 번째 모멘텀이라고 생각한다. 누군가는 '겨우 그걸로?' 라고 생각할 수도 있겠지만, 지금도 그날의 냄새와 온도와 감정까지 생생하다. 이야기는 뉴스레터를 시작한 지 얼마 안 되어 주변 친구들에게 레터를 홍보하고 있었을 때로 거슬러 올라간다.

"엄지야, 뉴스레터 이름이 뭐라고 했지?"
"주말랭이."
"무말랭이?"
"아니, 무말랭이가 아니고 주말랭이!"
"ㅋㅋㅋ 주말랭이가 안 나오는데?"

정말이었다. 네이버 검색창에 '주말랭이'를 검색하니 '무말랭이로 검색한 결과입니다'라는 안내문이 뜬 화면이 나왔다. 맙소사! 평소에 잘 먹지도, 떠올리지도 않는 단어 '무말랭이'와 이렇게 마주하다니. 그날부터 무말랭이는 나의 경쟁자였다.

그날 이후 우리 팀의 간절한 목표는 구독자 수도 매출도 아닌, '네이버 검색창에서 무말랭이 이기기'가 되었다. '주말랭이'를 검색했을 때 온전히 우리의 홈페이지와 콘텐츠가 나오게 하자! 회사에서 일하며 익힌 기술과 노하우를 뉴스레터에 하나둘 적용해보는 등 검색 엔진이 〈주말랭이〉를 알아볼 수 있도록 여러 시도를 하며 3개월이 흘렀다. 네이버 검색창에 '주말랭이'를 검색하는 일은 루틴이 되었다. 그리고 어느 평화로운 주말 오전, 늘 그랬듯 '주말랭이'를 검색했는데… 이럴 수가! 경쟁자 무말랭이는 온데간데없이 사라져 있었다. 보고도 믿기 어려운 순간이었다.

'하면 되는구나!'

회사라는 울타리 밖에서 내가 스스로 만들어 낸 첫 성과는 그 무엇보다도 달달했다. 회사 밖에서도 내가 무언가를 성취하고 만들어낼 수 있다는 자신감을 얻었다. 무말랭이를 이긴 이 순간은 〈주말랭이의〉의 첫 번째 모멘텀이 되었고, 그 다음으로 나아갈 힘을 얻었다.

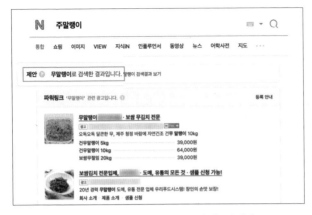

▲ '주말랭이'를 검색하면 '무말랭이'로 검색한 결과가 나오던 시절

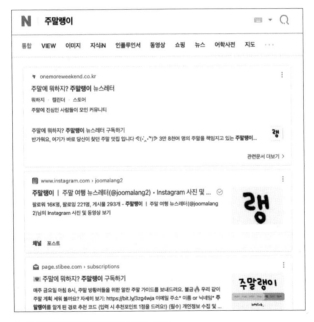

▲ 현재 '주말랭이'를 검색하면 나오는 화면

#8
비교하지 않는 마음

어디선가 '비교하지 않는 마음'이 중요하다는 말을 들은 적 있다. 남들과 나를 비교하면 비참해지고 교만해질 뿐이며, 목표를 이루는 데 별 도움이 되지 않는다는 것. 우화 '토끼와 거북이'에서 거북이가 이길 수 있었던 건 토끼는 상대방을 봤지만 거북이는 목표를 봤기 때문이라고 한다. 너무나 맞는 말이고 이해할 수 있지만, 사실 머리와 달리 마음은 남과 나를 비교하기 쉽다. 그리고 솔직히 말하면, 이 이야기에 완전히 동의하지는 않았다. 때때로 건강한 비교는 동기를 부여하고 활력을 줘서 멈춰 있는 나를 움직이게 하니까.

그러나 비교도 시기와 대상이 있다는 것을 〈주말랭이〉 사이드 프로젝트를 하며 배웠다. 우리는 비즈니스 목적으로 만들어진 팀이 아니고, 매주 할애할 수 있는 시간이 한정되어 있었다. 즉, 남들보다 속도가 느릴 수 밖에 없었다. 이는 바꿀 수 없는 현실이었다.

사이드 프로젝트 초반에는 나도 모르게 자꾸 비교했다. 뉴스레터 업계 1위라고 불리는 〈뉴닉〉이나 〈까탈로그〉와 우리를 견주어보기도 했고, 비슷한 주제를 다루는 다른 매체나 플랫폼과 우리를 비교하기도 했다. (지금 생각하니 도둑놈 심보다.) 누군가를 동경하다보면 나도 모르게 그를 닮아가듯이, 잘하는 플레이어와 자신을 비교하다보면 그들이 하는 것이 다 좋아 보이고 따라하고 싶은 마음이 든다. 나도 그랬다. 우리가 느린 것 같아 조급했고, 〈주말랭이〉 뉴스레터가 못나 보이는 지경에 이르기도 했다.

"얘들아!! 우리도 캐릭터 만들어볼까?"
"왜?"
"뉴닉 고슴이 너무 귀엽지 않아? 우리도 고슴이 같은 캐릭터 만들고 싶어!"
"????"

"얘들아!! 우리도 심리 테스트 만들까?"

"갑자기 왜??"

"요즘 핫하니까! ○○도 만들었고 ●●도 했더라고!"

"????"

내가 던지는 말들에 팀원들이 어리둥절해하는 대화가 오가던 어느 날, 친동생이 취미로 시작한 주짓수로 대회를 나간다는 소식을 들었다. 작고 마른 체격의 동생이라 걱정이 되었다.

"너, 살이나 근육을 좀 찌워야 하는 거 아니야? 지금은 너무 작아서 질 것 같아."

"바보야. 당연히 대회는 체급별로 나누어져 있어. 같은 성별끼리, 그리고 비슷한 몸무게와 벨트끼리. 상대 안 되는 사람끼리 시합 붙여서 뭐 하겠어."

동생의 대답에 충격을 받았다. '그러네, 우린 아직 걸음도 떼지 못한 갓난아이인데 나는 자꾸 어엿한 성인과 우리를 비교하고 있었어. 애초에 상대가 안 되니 비교 대상도 아닌데.'

그때부터 체급 높은 상대를 응원하되, 나와 비교하지 않기로 결심했다. 이렇게 자꾸 비교하다가는 〈주말랭이〉가 자신의 고유한 모습을 잃어버리고 수많은 상대들의 이런저런 모습으로 뒤덮여 정체 모를 무엇인가가 될 것 같아 두려웠다.

이 마음은 지금도 이어지고 있다. 우리는 아직 비교할 때가 아니다. 우리가 비교할 상대는 그저 지난 주의 〈주말랭이〉, 작년의 〈주말랭이〉다.

Making Tip
다양한 뉴스레터 찾아보기

대부분의 뉴스레터가 '지난 뉴스레터 모아보기'를 제공한다. 보석처럼 귀한 저장소이다. 각 뉴스레터의 첫 번째 레터가 시간 흐름에 따라 변화한 부분을 사소한 점까지 정리해보자. '왜 이렇게 바꿨을까?' 생각하다 보면 값진 인사이트를 얻을 수 있다.

뉴스레터 제작 서비스 플랫폼인 '스티비'가 운영하는 블로그도 유용하다. 스티비 블로그에서는 다양한 뉴스레터 사례와 팁을 볼 수 있다. 다양한 사례를 보며 공부를 하면 뉴스레터를 시작할 때의 시행착오와 시간을 단축할 수 있다. 스티비에서는 뉴스레터를 시작하는 크리에이터를 위한 다양한 지원과 캠페인을 운영하고 있으니 인스타그램 및 홈페이지에서 미리 확인해보자.

+ 288 DAY

이럴 수가! 처음으로 유료 광고를 제안 받았다.

광고비는 5만 원이지만 500만 원처럼 크게 느껴진다.

500만 원 값어치의 효과로 돌려드리고 싶다.

– 2021. 3. 10

#9
500만 원 보다 값진 5만 원

〈주말랭이〉 뉴스레터에 수익이 처음 발생한 순간을 이야기하지 않을 수 없다. 운영을 위해 지출해야 하는 고정 비용은 있었지만, 시작 후 8개월 동안 이렇다 할 수익은 없었다. 비즈니스로 출발한 프로젝트가 아니었고, 운영하는 우리 세 명 모두 각자의 안정적인 본업과 월급이 있었기에 뉴스레터를 유지할 수 있었다. '언젠가' 뉴스레터로 소소한 용돈 정도 벌 수 있을까 막연한 상상은 해봤지만, 구체적으로 무엇을 어떻게 해서 매출을 만들겠다는 계획을 세운 적은 없었다.

그러던 어느 날, 팀 메일함에 메일이 한 통 도착했다. 〈주말랭이〉 뉴스레터를 재미있게 보고 있는 구독자이자 마케터가 보낸 것이었다. 새로운 프로젝트를 런칭하는데, 우리 레터에 소개하고 싶다는 내용이었다. "이게 바로 말로만 듣던 브랜디드 광고야?!" 처음 받은 광고 제안에 팀 단톡방은 환호로 가득찼다. 시장에서 우리의 상품성을 처음 인정받는 순간이었다. 무엇보다 제안한 분께 감사한 마음이 가장 컸다.

그렇게 우리는 처음으로 뉴스레터 제목에 '(광고)'를 붙이게 되었다. 첫 광고비는 5만 원이었지만 우리에겐 500만 원 만큼이나 값지게 다가왔다. 마케팅은 잘 모르지만 500만 원의 값어치를 하고 싶은 마음, 책임감을 느꼈다.

광고할 프로젝트에 대해 조사하고 고민했다. 어떻게 스토리텔링 해야 구독자에게 덜 부담스럽고 거부감 없이 다가가면서도 매력적일까? 거듭해서 글을 쓰고 고쳤다. 메이는 실력을 발휘해 DSLR로 사진 촬영을 한 뒤, 신중히 골라 보정하는 등 정성을 들였다. 그렇게 첫 광고 콘텐츠가 발행되었다. 책임감은 콘텐츠 발행으로 그치지 않았다. 주변 친구들에게 이런 서비스가 있다며 구매를 권장했고, 나 역시 사비로 구입했다. 우리를 홍보 채널로 선정했다는 사실에 너무나 감사한 나머지 할 수 있는 방법은 다 동원했다.

이 일로 하나의 가설이 검증되었다. 〈주말랭이〉에는 주말 여가 시간을 더 잘 보내고 싶은 사람들이 모여 있으며, 광고주는 그 사람들을 대상으로 자신의 브랜드를 홍보할 수 있다면 지갑을 연다는 가설이다. 우리는 구독자와 광고주, 우리 팀 모두 만족할 수 있는 광고 시스템을 고민하기 시작했다. 이렇게 만든 시스템은 이후 〈주말랭이가〉 지속적으로 운영될 수 있는 수익원이자 발판이 되어주었다. (이전에 '후원하기'를 테스트 목적으로 잠시 도입했으나 우리가 가고자 하는 방향과 다르다고 판단하여 금방 종료했다. 이는 정식 수익 모델이 아니기에 첫 매출이라고 볼 수 없어서 제외했다.)

즐거움을 찾기 위해 시작한 사이드 프로젝트가 수익으로 돌아왔다. 회사 밖에서도 돈을 벌 수 있다니!

사이드 프로젝트가 본업에 지장을 주지 않았으면 하는 마음이 크다. 나에겐 아직 본업이 최우선이다. 요즘엔 퇴근 후에 업무에 필요한 일본어 공부를 열심히 하고 있다. 회사 업무와 일본어 공부, 뉴스레터 세 가지를 병행하는 요즘. 바빠도 행복하다.

– 2021. 4. 8

+ 351 DAY

〈주말랭이〉 뉴스레터를 시작한 뒤
가장 많이 바뀐 것 중 하나는 바로 나의 주말이다.
전엔 늘 가던 곳만 가거나 집에 있었는데,
이젠 일부러 밖에 자주 나간다.
뉴스레터에 소개한 곳을 가거나
새로운 장소를 발굴하러 다닌다.
주말을 알차게 보내니 월요일이 두렵지 않다.
다른 사람들도 주말을 활용해 경험과 취향을 넓히면 좋겠다.

– 2021. 5. 12

+ 381 DAY

뉴스레터를 후원해주시는 분들이 생기고 있다.
천 원부터 5만 원까지….
우리가 이렇게 받아도 되는 걸까?
감사한 마음과 동시에 잘해야 한다는
책임감도 점점 커진다.

– 2021. 6. 11

+ ⬤437 **DAY**

사이드 프로젝트로 시작한 〈주말랭이〉가 어느새 1주년이 되었다. 기념으로 작은 굿즈를 만들고 있다. 전에 다른 굿즈를 살 때는 전혀 몰랐다. 엽서 하나, 스티커 하나 만드는 게 이렇게 어려울 줄이야.

– 2021. 8. 6

#10
1주년, 그리고 속 쓰린 첫 번째 실패

〈주말랭이〉에 늘 좋은 결과만 있었던 것은 아니다. 뉴스레터를 운영한 지 1년이 되었다. 메일 한 통으로 시작한 일이 어느새 52번째 발행을 앞두고 있었다. 그동안 우린 무말랭이도 이겼고, 구독자와 소통했으며, 광고로 첫 수익을 경험하기도 했다. 코로나19 유행으로 제약이 많은 환경이었지만 때마다 과정을 즐기다보니 시간이 금세 지나갔다.

그래서 1주년이 더욱 특별했다. 회사에서 내가 맡은 서비스의 기념일을 챙길 때와는 사뭇 다른 감정이었다. 우리에게 충분한 예산이나 자원은 없었지만, 무언가를 할 때 보고하거나 허락을 구할 팀장님도 없었다. 부모님 집에서 독립해 얻은 작은

방을 내 마음대로 꾸미는 기분이 이런 걸까? 1주년을 우리 맘
대로 기념할 수 있다니! 신났다. 관성에서 벗어나 하고 싶은 걸
마음껏 해보고 싶었다. 뜬금 없는 일이든 서비스에 도움이 되
지 않는 일이든 상관없었다. 정해진 틀에서 벗어나 하고 싶은
건 다 해보자는 마음으로 준비했다. 신난 아이디어 회의 끝에
다음과 같은 목표 리스트가 완성되었다.

1. 홈페이지 제작 : 그동안 만든 우리 콘텐츠를 모아두자.
2. 생일 관련 장소 소개 : 전남 완도에 있는 '생일섬'을 소개하자.
3. 굿즈 제작 및 판매 : 물성이 있는 걸 만들어 구독자와 더 가
까워지고 싶어.

뉴스레터만 써오던 우리에게 1주년을 기념하는 일은 대규모
프로젝트였다. 위의 세 가지 목표 중 가장 힘들었던 것은 굿즈
제작이었다. 재밌어 보여서 시작했지만 생각보다 할 일이 무
척 많았다. 굿즈 종류 결정부터 콘셉트 기획, 업체 선정, 디자
인, 제작 등 조사하고 결정하는 일의 연속이었다. 특히 디자인
과는 거리가 먼 우리 세 사람이 진행하니 하나부터 열까지 서
툴 수밖에 없었다. 무모했고 아무것도 몰랐다. 서로가 생각하
는 비주얼도 달랐고, 의견 차이는 점점 커졌다. 누군가는 키치

한 느낌이 우리와 어울린다고 생각했고, 다른 누군가는 〈주말 랭이〉는 그저 귀엽지만은 않다는 의견을 내기도 했다. 지금 돌 아보면 무엇보다 〈주말랭이〉에 대한 우리의 생각, 이미지가 아직 정립되지 않았을 때라 모든 단계가 위기였고 어려울 수 밖에 없었다. 그러다 보니 우리는 '왜 이걸 해야 하는지'는 잊 은 채 결과물을 내기에 급급했다. 결국 퀘스트를 깨듯 굿즈를 만들었다.

평일 저녁과 주말까지 반납하며 열심히 준비한 1주년 기념 레 터가 완성되었다. 첫 번째 레터를 발송했을 때처럼 '완벽'보다 '완성'에 초점을 맞춘 프로젝트였다. 1주년 레터가 발송되기 하 루 전, 우리는 들떠 있었다. "굿즈가 너무 많이 팔리면 어떡하 지?", "재고를 더 넉넉하게 준비해야 하나?" 희망 회로를 풀가 동하며 즐거운 상상에 빠졌다.

그리고 디데이인 다음 날, 전날 맛있게 마신 김칫국은 배탈로 돌아왔다. 구독자들은 1주년을 진심으로 축하하며, 홈페이지 와 롤링페이퍼에 애정 어린 마음을 남겨주었다. 그러나 우리 가 잘될 거라고 생각한 굿즈는… 지인이 구입한 것을 제외하 면 단 한 개 판매되었다. 믿을 수 없었다. 종일 새로 고침을 거

듭 눌렀지만 결과는 그대로였다.

처음엔 그저 속상했다. 우리가 최선을 다해 한 땀 한 땀 열심히 준비한 건데 왜 아무도 관심을 갖지 않을까? 디자인 문제일까? 기획 문제일까? 생각이 꼬리에 꼬리를 물었다. 한번 싹튼 부정적인 생각이 타래가 되어 이어졌고, 자신감이 떨어졌다. 그렇게 우리는 첫 번째 실패를 보란듯이 맞이했다. 하지만 우리는 이 경험을 통해 큰 깨달음을 얻었다.

남이 원하는 것이 아니라 내가 원하는 것을 하면 외면 받는다는 것.

홈페이지는 "그동안의 아티클을 모아보고 싶다"는 구독자들의 요청과 필요가 있었기에 만들었다. 생일 기념 롤링페이퍼는 좀 더 적극적인 소통을 하고 싶다는 구독자들의 바람을 반영해 준비했다. 하지만 굿즈는? 구독자가 원하는지 파악하지 않은 채 그저 우리가 하고 싶고, 재미있어 보인다는 이유로 시작한 일이었다. 게다가 〈주말랭이〉라는 브랜드 정체성, 철학에 대한 이해도를 구독자와 함께 맞추지 않은 채 그저 우리 입맛에 맞는 디자인으로 제작했다. 최소한 깜빡이는 켜봤어야 했는데

'재미'라는 키워드에 눈이 멀어 그냥 진행했던 것이다.

이 경험은 이후 다른 프로젝트 진행과 결정에 영향을 주고 있다. 아직도 가끔 남들이 하고 있는 재미있거나 멋져 보이는 것에 눈길이 갈 때가 있다. 그럴 때마다 나는 굿즈 사태를 생각하며 스스로에게 질문한다. '이게 정말 구독자들이 원하는 걸까? 아니면 나의 자아실현일까?'

▲ <주말랭이> 1주년 레터

+ 444 DAY

1주년을 기념하며 홈페이지를 만들었다.
뉴스레터가 무슨 홈페이지냐고?
이곳에서 앞으로 어떤 일들이 펼쳐질지는 아무도 모른다.
그래서 설렌다!

– 2021. 8. 13

+ 483 DAY

에디터를 하다 보니 글을 더 잘 쓰고 싶은 욕심이 생긴다.
좋은 글, 좋은 콘텐츠란 무엇일까?

– 2021. 9. 21

+ 528 DAY

〈주말랭이〉로 하고 싶은 일들,

할 수 있는 일들이 많아진다.

중요한 건 여기에 투입할 수 있는 시간이다.

이런 게 사이드 프로젝트의 한계일까?

- 2021. 11. 5

#11
오래하고 싶어서 세운
또 다른 원칙

우리 팀이 일할 때 지키는 또 다른 중요한 원칙이 하나 더 있다. 바로 뉴스레터 콘텐츠 작성에 관한 것이다.

콘텐츠 제작 원칙이 있다고 하면, "뉴스레터 작성하는 데 원칙이 꼭 필요한가요? 팩트 체크하고 맞춤법, 이미지 저작권 등 기본적인 사항만 확인하면 되는 것 아닌가요?" 같은 질문을 받기도 한다. 물론 법적·도덕적 이슈만 확인하고 최소한의 원칙으로 자유롭게 콘텐츠를 발행하는 것도 좋은 방법이다.

그러나 나는 우리가 만드는 콘텐츠가 갖출 최소한의 품질 기준 *product bottom level*을 마련해, 이것만은 꼭 지키고 싶었다. 구독자들이 뉴스레터를 열 때 기대하는 최소한의 기대치는 충족시키고 싶어서다. 매번 100점을 맞을 수 없지만 적어도 매주 80점은 보장하고 싶었다. 주말에 대한 설렘으로 뉴스레터를 연 독자들에게 허무함과 실망감을 주고 싶지 않아 하나씩 기준을 만들다 보니 어느새 우리만의 원칙이 세워졌다.

사실 처음에는 원칙을 만들 만큼 이런 마음이 간절하지는 않았다. 뉴스레터 운영 초창기, 피곤한 밤을 지새우며 뉴스레터를 보내던 시절이 있었다. 체력이 부치긴 했지만 정성을 담아 레터를 보냈는데, 그 피곤함이 구독자한테 전달되었는지 '이번 뉴스레터 어땠어요?'를 묻는 피드백 코너에 '아쉬워요!'라는 응답이 전체의 3%가 넘은 날이 있었다. 매주 뉴스레터를 발송한 뒤에 구독자들의 반응을 면밀하게 살피는 편인데, 이날은 유독 '아쉬워요!'라는 응답이 평소의 세 배 수준으로 많았다. 열심히 만들어 보낸 뉴스레터였기에 우리는 꽤 큰 충격을 받았다.

'뭐가 문제일까?'

알 수 없었다. '아쉬워요!' 클릭은 세 배 늘었지만, 그에 대한 자세한 응답을 쓴 구독자는 없었기 때문이다. 생각해보면 당연한 일이다. 고객은 자신이 무엇이 불편한지 서비스 제공자에게 구 구절절 설명하는 게 불편하고 번거롭다.

하지만 이날 한 가지는 확실히 얻었다. 〈주말랭이〉 고객 만족도에 기복을 만들지 않겠다는 강한 의지였다. 사람들은 맛에 기복이 있는 식당에 여러 번 가지 않는다. 그런 식당에 가는 행위는 '내가 돈을 내고 리스크를 감수하겠다'와 마찬가지다. 이날을 계기로 기복 없는 뉴스레터를 제공하기 위한 약속을 하나둘 만들기 시작했다.

원칙 1. 이미 다 아는 정보는 정보가 아니다

다른 매체에서도 쉽게 접할 수 있는, 누구나 아는 내용은 필터링하여 소개하지 않는다. 예컨대 이미 널리 알려진 춘천의 '레고랜드' 오픈 소식이나 '런던 베이글 뮤지엄'에서 베이글 먹기 같은 내용은 주말에 무엇을 할지 고민하는 사람이라면 대부분 알 만한 내용이다. 우리 뉴스레터에서만 볼 수 있는 정보가 우리의 가치이다.

원칙 2. 언제 봐도 상관없는 내용은 굳이 넣지 말자

소재의 시의성을 중요하게 생각한다. 말 그대로 '뉴스news' 레터이기 때문에 나중에 봐도 되는 내용은 굳이 오늘 알려줄 필요가 없다. 예컨대 5월에는 어버이날을 특별하게 보낼 수 있는 방법을, 초여름에 날씨가 화창해지면 바깥에서 음식을 즐길 수 있는 노상 맛집을 소개하는 등 시기와 계절에 맞는 놀거리 전달을 우선시한다. 반대로 시기를 반영해 소개하지 않을 소식도 결정한다. 만약 이번 주말에 비가 올 확률이 큰데 야외 피크닉을 소개하면 구독자의 최소 기대치에 못 미치는 콘텐츠가 된다.

원칙 3. 솔직하자

철 없는 솔직함이 거짓말보다 낫다고 생각한다. 누구나 실수할 수 있고 틀릴 때도 있는 법이지만, 이를 만회하려고 거짓말을 하면 신뢰에 금이 간다. 따라서 우리가 지키고 싶은 가치와 반대되는 광고는 정중히 거절하고, 광고는 광고라고 정직하게 밝힌다. 의도치 않게 구독자에게 불편함을 준 경우에도 '오해'라고 하기보다 '저희의 잘못'이라고 인정하고 개선한다.

원칙 4. 퀄리티와 타협하지 말자

이 역시 신뢰와 관련된 원칙이다. 〈주말랭이〉가 전달하는 정보가 신뢰를 얻으려면 퀄리티를 유지해야 한다. 콘텐츠에 있어서는 속도보다 퀄리티를 더 중요하게 생각하자. 소재의 정확성 외에도 사회적인 이슈, 정치적 논란, 종교적 이슈 등을 꼼꼼하게 체크한다. 행복한 주말을 위한 뉴스레터다. 누군가에게 불편함을 줄 수 있는 요소는 최대한 배제한다.

원칙 5. 소통하자

〈주말랭이〉는 주말에 진심인 사람들이 모인 곳이다. 그렇기에 구독자도 언제든 제작자가 될 수 있다. 구독자들과 소통하고 주말 콘텐츠를 함께 만들자. 실제로 이 원칙에 따라 다양한 코너가 도입되었다. '놀러 온 랭랭이' 코너는 구독자들이 직접 쓴 글을 실어 좋은 장소들을 소개한다. 레터 하단엔 '제보하기' 채널을 연결해 넣었다. 이곳에 구독자가 소식을 제보하면 에디터가 글로 다듬어 소개한다. 구독자의 요청을 직접 반영해 만들어진 코너 '말랭캘린더'도 있다. 가볼 만한 전시나 팝업스토어를 한 줄로 요약해서 보여주는 영역으로 뉴스레터에서 가장 인기 있는 코너 중 하나이다. 뿐만 아니라 인스타그램 DM, 이메일 등 고객 소통 관련은 응답률 100%를 유지하려고 노력한다.

현재는 수만 명이 우리 레터를 보고 있지만 이제 매주 '아쉬워요' 응답률은 0.02%에 수렴할 만큼 콘텐츠 기복을 없앴다. "〈주말랭이〉 뉴스레터는 매번 기대하며 열어봐요" 피드백은 우리가 이렇게 하나씩 세워온 원칙 덕분이라고 자신한다.

이 원칙들은 하루아침에 뚝딱 만들어지지 않았다. 전에 세운 것이 변화하거나 혹은 사라지고 새로 생기기도 했다. 세상은 계속 변한다. 사람들의 취향과 관심사, 가치관도 계속 변한다. 따라서 콘텐츠를 만드는 원칙도 구독자의 변화에 맞게 계속해서 진화해야 한다. 앞으로 〈주말랭이〉의 콘텐츠 제작 원칙도 멈추지 않고 진화하지 않을까.

콘텐츠 제작 원칙은, 뉴스레터뿐만 아니라 다른 일에도 적용할 수 있다. 내가 만든 서비스나 제품이 있다면, 고객에게 전달할 때 꼭 지켜야 하는 기준과 원칙을 하나씩 세워보면 어떨까?

〈헤이버니〉와 함께 '주말 영수증 테스트'를 만들었다. 참여만 해봤던 테스트를 내가 직접 만들었다니! 무려 2천 명 넘는 분들이 테스트를 즐기고 있다. 회사에서는 하지 못했던 업무를 사이드 프로젝트로 할 수 있다. 나라는 세상이 넓어지는 기분이다.

‒ 2021. 12. 22

#12
인터벌 달리기처럼

달리기를 3년 넘게 꾸준히 하고 있다. 달리기를 하면서 한 가지 배운 것은 '오래 하려면 짧게 해야 한다'는 점이다. 10km를 두 가지 방식으로 뛰어봤다. 첫 번째는 1km당 7분이 걸리는 속도로 쉬지 않고 뛰는 것. 두 번째는 총 거리를 2km씩 다섯 구간으로 나누어 각 구간을 1km에 6분이 걸리는 속도로 빠르게 뛴 뒤 30초 걷고, 다시 빠르게 뛰기를 반복하는 것이다.

결과는? 두 번째 방식이 완주할 확률이 높았다. 첫 번째 방식은 결승점이 저 멀리 10km 뒤에 있어 지루한 데다가 중간에 포기하고 싶어서 가슴이 턱턱 막히기 일쑤였다. 그러나 두 번째처럼 짧게 잡은 구간을 목표로 전력 질주한 뒤 잠깐 쉬고, 다시 전력 질주를 반복하는 인터벌 방식은 강도는 더 높지만 덜 지루하고 완주 확률도 높았다. 작은 성공을 반복해 키운 능력과 효능감이 큰 성공에 이르기까지 버틸 수 있는 힘이 된다는 사실을, 나는 달리기를 통해 배웠다.

〈주말랭이〉 뉴스레터는 사이드 프로젝트로 시작했다. 객관적으로 봤을 때 우리 뉴스레터는 디자인, 기획, 콘텐츠 모두 월등하게 훌륭하지는 않았다. 나는 이 일을 오래오래 하고 싶었고, 언젠가 필연적으로 찾아올 지루한 시간을 잘 버티고 싶었다. 그 시간을 위해 작은 성공을 계속해서 만들자고 생각했다. 마치 인터벌 달리기처럼.

인터벌 달리기를 하듯 작은 성공을 만드는 것은 '모멘텀'을 잃지 않기 위해서다. 앞서 쓴 것처럼 '모멘텀'이란 어느 방향으로 가고자 하는 경향성과 탄력을 잃지 않도록 속도와 방향을 조절하며 계속해서 나아가는 힘을 뜻한다. 모멘텀은 의지로라도 만들어야 한다고 생각한다.

언젠가 '운이 좋은 사람'이 되고 싶어서, 다양한 자료를 수집했다. 온갖 책을 읽고 강연도 찾아보았다. 여러 이야기가 많았지만, 가장 와닿은 것은 오히려 단순한 '운'의 한자 의미였다. 이미 정해져 있어 인간의 힘으로는 어쩔 수 없는 천운이나 어떤 일이 잘 이루어지는 운수를 뜻할 때의 '운'은 한자 '옮길 운(運)'을 쓴다. 운이란 멈춰 있는 것이 아니라 움직인다. 지금 내가 불운하더라도 속상할 필요가 없으며, 지금 운이 따르더라도 자만해서는 안 된다. 무엇보다 운은 움직이기 때문에 나도 조금이라도 계속 움직여야 운에 다가갈 수 있지 않을까. 갑자기 운 이야기를 하는 이유는, 모멘텀을 지키며 생존하는 것이 나에겐 운과 같기 때문이다. 나중에 운이 우리에게 찾아오려면 그동안 죽지 않고 작은 성공을 계속 만들어야 한다.

〈주말랭이〉의 모멘텀을 위해 만든 작은 성공 하나를 기록해두려고 한다. 우리처럼 제로부터 시작한 작은 브랜드에는 블로거의 포스팅 하나, 매거진과의 인터뷰 같은 기회 하나 하나가 소중한 모멘텀이 된다. 2021년, 다양한 뉴스레터를 소개하는 서비스 〈헤이버니〉가 자신들의 팟캐스트를 시작한다는 소식을 알렸다. 뉴스레터 관련 서비스를 하는 스타트업이어서 계속 눈길을 보내고 있었는데, 팟캐스트 오픈 소식에 부끄러움을 무릅쓰고 우리를 소개해줄 수 있을지 요청하는 메시지를 보냈다.

이렇게 보낸 메시지가 인연이 되어 2021년 5월에 〈주말랭이〉는 뉴스레터 운영 이래 처음으로 '인터뷰'라는 것을 하게 되었다. 설레는 마음에 2주 전부터 인터뷰 질문지를 계속 들여다보고, 어떤 옷을 입고 표정은 어떻게 지으면 좋을지까지 고민하기도 했다. 처음으로 우리의 이야기가 다른 매체의 시선으로 온라인에 올라가는 멋진 일이 생겼다. 지루한 시간을 버티고 나아갈 수 있는 모멘텀을 만든 것이다.

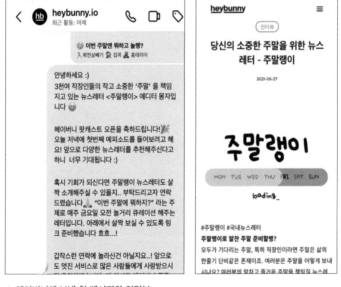

▲ 헤이버니에 보낸 첫 메시지와 인터뷰

그해 연말에는 〈헤이버니〉와 함께 '주말 정산 테스트' 라는 재미있는 협업 프로젝트도 함께했다. 덕분에 구독자가 2천 명 이상 증가하는 등 모멘텀이 이어졌다.

우리는 그 이후로도 여러 모멘텀을 스스로 만들어갔다. 다른 파트너와의 협업이 유일한 방법은 아니다. 예를 들어 '구독자는 늘어나는데 '좋아요'로 응답하는 피드백은 왜 늘지 않을까?'는 의문이 들어 뉴스레터 하단에 있는 피드백 영역을 개선했더니 피드백이 세 배 증가한 일도 있었다. 이처럼 아주 작은 부분이라도 살펴보고 문제점을 찾아 해결하는 과정 자체도 모멘텀이 된다.

사이드 프로젝트로 유의미한 성과를 내고 싶다면 지루한 시간을 버틸 수 있어야 한다. 지루한 시간은 인터벌 달리기를 하듯 작은 성공을 이어나가며 모멘텀을 유지하면 금방 지나간다. 돌아보면 '그때가 지루한 시간이었지' 생각할지 몰라도, 그 순간순간은 모두 다이내믹하다. 작은 성공의 모멘텀은 어디선가 툭 떨어지는 게 아니다. 나의 의지로 만들자. 사이드 프로젝트를 재밌게 그리고 오래하기 위해서.

영원할 것만 같았던 20대가 끝나간다.

30대에는 어떤 일들이 나를 기다릴까?

앞으로 나는 세상에 어떤 메시지를 전하면 좋을까?

- 2021. 12. 31

#13
금융 치료보다 강력한 것

사람은 누구나 평생 잊을 수 없는 몇몇 순간들을 지니고 산다. 저마다 그 순간들이 다를 테다. 사랑하는 사람과의 여행일 수도, 혹은 오랜 노력을 인정받는 순간일 수도 있다. 아무리 사소하고 누군가에게는 보잘것없이 비칠지 몰라도 이 순간들은 힘들 때 다시 찾아와 우리를 지탱해준다. 〈주말랭이〉를 운영한 지 어느덧 1년 4개월이 지났을 때, 내게도 그런 순간이 찾아왔다.

처음에는 사이드 프로젝트로 가볍게 시작했지만, 1년이 지나니 점점 책임감도 커지고 느낌이 사뭇 달라졌다. 단순 상품이나 프로젝트 개념이 아니라, 소중히 가꾸어가고 싶은 생명 같았다. 그러다 보니 이런 질문이 솟아났다.

'매주 금요일마다 우리가 쓴 글을 읽는 분들은 대체 누구일까? 우리는 그분들을 만족시키고 있을까?'

메일 너머에 있는 구독자를 향한 호기심이었다. 무엇보다 친해지고 싶었다. 구독자와 친해지고 싶다니, 누군가는 순진한 소리라고 생각할지 몰라도 우린 진심이었다. 매주 익명의 친구에게 편지를 보내고 있는데, 그 친구를 더 알고 싶고 친해지고 싶은 건 당연했다.

고민 끝에 연말 인사 겸 서베이를 진행하기로 했다. 어디에 살고, 어떤 키워드에 관심 있는지, 나이대, MBTI 등을 비롯한 여러 질문을 담아 서베이 레터를 부쳤다.

친해지고 싶다는 마음에 설레었지만 사실 큰 기대는 안 했다. 회사에서 여러 서베이를 진행해본 경험에 따르면 응답률이 8~10% 정도면 괜찮은 수준이었다. 우리는 질문도 많고 대상 수도 적으니 응답률이 높지는 않을 것이라 예상했다. 결과가 어떻든 구독자를 이해할 수 있는 참고 자료로 삼자고 생각했다.

그러나 레터를 보낸 당일, 우리는 놀란 표정을 숨기지 못했다. 응답률이 무려 30%를 넘은 것이다. 응답 내용 또한 한 줄 한 줄 구독자들의 마음이 가득 담겨 있었다. '당신은 어떤 사람인가요?' 그저 이것이 궁금해 보낸 레터에 구독자들은 백 배 이상의 마음을 표현해줬다. 〈주말랭이〉가 더 발전했으면 하는 마음에 남긴 조언부터 그동안 고마웠다며 전하는 메시지까지…. 메일 너머에 있는 구독자들은 너무 다정하고 멋진 사람들이었다.

메시지들을 읽는 동안 나도 모르게 눈물이 흘렀다. 이건 그냥 읽으면 안 된다고 생각했다. 보내주신 내용들이 몸에 문신처럼 새겨질 때까지 소화시키고 싶었다. 모든 응답을 인쇄해서 몇 날 며칠 동안 천천히 읽어나갔다. 이때 느낀 감정은 뭐라고 형용할 수가 없다. 감사함, 감동과 같은 단어로 표현하기엔 부족하다. 우리 팀이 구독자들을 생각하는 마음도 한층 더 진해졌다. 이렇다 할 매출도 없고, 매주 목요일마다 새벽 네 시까지 컴퓨터 앞에 앉아 있기 일쑤였지만 이제 그 모든 것은 하나도 중요하지 않았다. 그간의 노고와 고민이 '사람'이라는 한 단어로 풀렸다.

성장이 빠른 IT업계에서 일을 하다보면 '유저user'라는 말을 많이 쓰게 된다. 고객이나 소비자, 사람이 아닌 그저 '유저'. 오프라인과 달리 짧은 시간에도 수많은 사람이 들어와 이용할 수 있는 온라인 환경이다보니 이용하는 사람의 규모 자체가 크다. 십만, 백만과 같이 큰 단위의 숫자를 보다보면 부끄럽지만 어느 순간 관성에 젖어 유저 1명이 그저 숫자 1로 느껴질 때가 많았다. 그리고 숫자로 볼 때 1은 너무 작았다.

서베이로 받은 구독자의 응답들은 이런 나의 사고방식을 바꾸는 터닝 포인트가 되었다. 구독자는 그저 숫자 1이 아니라는 것. 뉴스레터에 4만 명의 구독자가 있지만 그 안에는 수많은 한 명의 사람들이 존재한다는 것. 사람은 결코 숫자 1이 아니라는 것.

울음이 터졌다. 그동안의 내 어리석은 생각에 대한 반성, 지금이라도 깨달아 다행이라는 감사함, 구독자 한 명 한 명에 대한 애정 등 복잡한 감정에 휩싸였다. 이렇게 얻은 마음을 앞으로 절대 잊지 않으리라 결심했다. 나에게 구독자는 더 이상 1이라는 숫자가 아니라 한 명의 사람이자, 하나의 세계관, 하나의 거대한 우주다. 이제 나에게 〈주말랭이〉는 그저 사이드 프로젝트가 아니었다. 끝까지 책임지고 싶은 친구가 되었다.

"이 프로젝트의 시작은 '언제 그만둬도 괜찮아'였지만, 나는 이 제 이 사람들의 주말을 평생 책임지고 싶어. 시니어가 되면 시 니어의 주말에 대해서 계속 이야기할래. 그게 앞으로 내가 살 아가고 싶은 방향이야."

구독자들의 응답은 우리 팀을 더욱 단단하게 해주었다. 특별한 말을 하지 않아도, 함께 편지를 읽는 동안 같은 감정과 책임감 을 느꼈다. 그동안 힘들었던 일들이 주마등처럼 지나갔고 우리 는 하나가 되었다. 돈보다 소중하고 금융 치료보다 강력했다. 우리에게 무엇이 진정으로 소중하고 가치 있는 것인지 깨닫게 된 고마운 순간이다.

지금껏 나는 터닝 포인트는 우연처럼 찾아온다고 생각했다. 하지만 겪고 보니 갑자기 '짠!' 하고 나타나는 게 아니라 이 또 한 변화하며 나아가는 과정의 일부였다. 2년이 지난 지금도 우 리는 구독자들이 남겨준 이때의 응답을 읽는다. 초심을 잃은 것 같을 때, 중요한 결정을 해야 할 때, 방향을 잃었을 때, 퇴사 를 고민할 때… 그 이야기들이 늘 나침반이 되어주었다. 이 자 리를 빌어 값진 시간을 내어 응답해준 랭랭이들에게 진심으 로 고맙다는 인사를 전하고 싶다. 아래에 그 중 몇 가지를 남겨 두었다.

랭랭이들의 서베이 응답 중에서

"… 매주 뉴스레터를 받을 때마다 캡처해서 친구랑 약속을 잡고 있더라고!! 출근하는 지하철 안에서 주말랭이 보면서 계획을 짜다보면 안 그래도 기분 좋은 금요일에 기쁨이 두 배, 행복이 세 배! 그 순간이 너무 행복하고 좋아. 내 인생은 주말랭이 구독 전과 후로 나뉜다! 그래서 고마운 마음을 표현하고 싶었어."

"… 많은 뉴스레터를 보고 있지만 유일하게 한 주도 안 빼고 보는 뉴스레터! 여행지에 가면 주말랭이에서 소개한 곳 먼저 찾아간다고. 정보를 모으고 가공하는 게 얼마나 어려운지 알아서 매주 받는 뉴스레터가 너무 고맙고 소중해. 이렇게 설문 조사 참여한 것도 처음! 아주 아주 소중해. 너무 고마워."

"… 주말랭이가 보내주는 글 읽을 때는 '우리 모두 다 같이 잘 먹고 잘살자!!' 같은 따스한 맘이 느껴진다고 할까나? 고단한 일주일 보내다가 주말랭이 레터 읽으면 피로가 싹 녹아. 정말로. 우리 주말랭이 나 평생 독자 예약했으니까 천년만년 함께해!"

104

"… 우울증이 있어서 매일이 싫고 주말은 더 싫었는데, 구독한 이후부터 주말랭이 메일이 오는 날이 기다려지고 이제는 주말이 좋아졌어요! 알려준 정보로 동굴에서 나가 밖을 구경하고 새로운 사람을 만나고 감정을 느끼게 됐어요. 너무나 감사하고 사랑해요. 우리 오래오래 봐요."

+ 593 DAY

특별하지 않은 일상을 보내고 있다. 낮에는 회사 일에 몰입하고, 밤에는 뉴스레터로 출근한다. 코로나가 끝나가는 요즘, 주말에는 열심히 밖으로 나간다.

- 2022. 1. 9

+ 628 DAY

사이드 프로젝트를 하는 사람들이 모인 커뮤니티 〈사이드〉에서 활동 중이다. 나와 비슷한 결의, 좋은 에너지가 넘치는 사람들이 모여 있는 곳이다. 서로의 사이드 프로젝트를 응원하는 따뜻한 이곳이 좋다.

- 2022. 2. 13

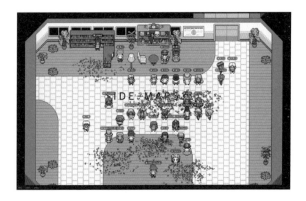

이번 달은 본업이 바빠 유난히 힘들었다. 퇴근한 뒤 눕고 싶은 유혹을 이겨내고 컴퓨터 앞에 다시 앉았다. 요즘은 마감 시간이 새벽까지 이어지는 게 일상이다.

- 2022. 4. 22

+ **733 DAY**

좋은 기회를 얻어 〈사이드〉 커뮤니티에서 뉴스레터 온라인 클래스를
진행했다. 대학 시절 과외 알바 이후, 돈을 받고 내 노하우를 나누는
일은 처음이었다. 솔직하게 내 이야기를 전하려고 노력했는데 많은
분들이 만족하신 것 같아 기쁘다. 돈을 받으면 열 배의 가치로 돌려주
자는 내 철학은 다시금 굳건해졌다.

- 2022. 5. 29

#14
지루한 시간을 버티는 방법

우리는 거의 무수입에 가까운 상태로 2년간 살아남았다. 그간 꽤 많은 것이 변했다. 비슷한 시기에 시작한 다른 뉴스레터 동료의 절반쯤에게서는 더이상 소식이 들리지 않아 아쉬웠다. 우리는 대가 없이 매주 주말 정보를 전하며 성실함을 쌓았고, 구독자와 두터운 신뢰가 형성되었다. 돈으로는 결코 살 수 없는 것이다.

"수입 없이 2년 동안 운영하는 게 두렵지 않았나요?" 이 질문을 많이 받는다. 내가 가장 경계하고 두려워한 것은 매출이 아니었다. 당장의 돈보다 지치지 않고 모멘텀을 유지하는 것이 중요하며, 이것이 우리가 살아남을 수 있는 방법이라고 생각했다.

누구에게나 무보수, 저성장과 같은 지루한 시기가 찾아온다. 그 구간을 어떻게 버티는지에 따라 그동안 차곡차곡 쌓아온 시간이 한 줌의 모래가 되어 사라지기도 하고, 스스로를 지켜주는 단단한 성벽이 되기도 한다.

지치지 않기 위해 내가 선택한 방법은 간단했다. 바로 '함께하는' 것이다. 마사이족에게는 "사자는 우리보다 빨리 달리지만 우리는 더 멀리 달린다"라는 말이 전해진다고 한다. 나는 혼자가 아니었다. 함께했기에 2년이라는 시간을 묵묵히 버티며 기초 체력을 다질 수 있었고, 세상에 혼자 할 수 있는 일은 없다는 것을 배웠다.

하나. 팀원과 함께한다면

2년 전에도, 지금도, 10년 후에도 변치 않는 사실이 있다. 동료 메이와 엘리가 없었다면 지금의 〈주말랭이〉는 없다는 것이다. 우리는 늘 함께했다. 작은 일도 함께 기뻐하며 행복을 배로 즐겼고, 속상한 일이 생기면 함께 울고 토닥이며 다시 앞으로 한 걸음 나아갔다. 서로를 보며 열심히 걷고 쉬고 뛰었다.

물론 매 순간이 마냥 즐겁고 행복하기만 했던 것은 아니다. 회사에서 야근을 하고 천근만근 무거운 몸으로 귀가한 날에도, 친구와 헤어지기 아쉬운 시간을 보내다가도, 우리는 누군가의 주말을 위해 컴퓨터 앞에 앉았다. 구독자와의 약속 앞에서는 어떠한 변명도 핑계도 없었다.

물론 '아… 이번 주는 아프니 한 주 쉬어도 이해해주지 않을까?' 게으른 욕망이 고개를 든 적이 한두 번이 아니다. 그러나 우리는 세 명이었다. 누군가 체력이 부치거나 본업으로 바쁘면 다른 사람이 적극적으로 도왔다.

한 사람의 마음에 불꽃이 사그라들 때면 이를 알아챈 두 명이 용기를 북돋으며 불씨를 다시 살려주었다. 그렇게 힘든 시기를 같이 보내며 전우애가 생겼고, 우리는 혼자서는 할 수 없는 일들을 하나둘 함께 해냈다.

둘. 또 다른 동료와 함께

〈주말랭이〉 팀원 외에도 이 시간을 함께해준 또 다른 동료들이 있다. 사이드 프로젝트 커뮤니티 〈사이드〉의 사람들이다. 이곳에는 자신의 사이드 프로젝트를 운영하는 사람들이 모여 있다.

우리 팀이 잘하고 있는 건지, 다른 사이드 프로젝트들은 어떻게 운영되는지 무지했던 내게 이곳은 베이스 캠프 같았다. 자신의 사이드 프로젝트를 키우는 동료들의 모습을 보며 건강한 자극을 받았고, 서로의 새로운 시작을 적극적으로 응원하는 문화에서 용기를 얻었다. 무엇보다 퇴근 후에 사이드 프로젝트를 하는 여러 사람들을 보며 '본업에만 충실해야 하는 게 아닐까' 내심 품었던 죄책감도 덜 수 있었다. 함께 또 따로 각자의 세계를 만들어가는 동료들이 함께해준 덕분에 멈추고 싶을 때조차 한 걸음 더 나아갈 수 있었다.

셋. 구독자와 함께하는 것

아무리 멋있고 화려한 공연이라도 관객이 없으면 그 공연은 사라진다. 뉴스레터도 마찬가지로 구독자 덕분에 존재할 수 있다. 〈주말랭이〉는 매년 여름, 겨울 성수기에 휴식기를 갖는다. 미리 휴재를 공지하지만 "왜 이번 주는 뉴스레터가 안 와요?" 문의가 들어오곤 한다. 그럴 때마다 우리를 기다리는 사람이 있다는 것을 새삼 깨닫는다. 매주 피드백을 확인하며 종종 답장도 보내고, 콘텐츠에 우리 이야기를 담으면서 이 레터를 읽는 당신과 우리는 함께하고 있음을 알렸다. 우리는 떨어져 있지만 아주 가까이 연결되어 있다.

팀 워크숍을 다녀왔다.

〈주말랭이〉가 그려갈 미래에 대한 감정 카드를 하나씩 뽑았다.

– 2022. 6. 24

+ **773** DAY

〈주말랭이〉를 하면서
만나는 사람들이 달라지고 있다.
내 인생에도 변화가 생기려나?

- 2022. 7. 8

+ 822 DAY

객원 에디터를 모집하기 시작했다.
우리 세 명 말고 다른 누군가의 글이
실린다니 설렌다.
그동안 우리가 전하지 못했던
색다른 취향과 이야기가 펼쳐질 것 같다.

- 2022. 8. 26

PART 2

본업은 주말랭이입니다

#15
연애하는 마음으로

"주말랭이는 찐팬이 정말 많은 것 같아요. 그 비결을 알려주세요"라는 요청을 꽤 많이 받는다. 우리가 찐팬이 많다고? 처음엔 의아했지만 들여다보니 사실이었다. 실제 지표상으로도 충성 고객층이 탄탄한 편이다. 2023년 8월 기준, 지난 1년간 52통의 뉴스레터를 100% 오픈한 구독자가 무려 만 명이 넘으며(우리는 이 분들을 '찐랭이'라고 부른다), 뉴스레터 평균 클릭 비율은 비슷한 규모의 뉴스레터 대비 네 배를 상회한다. 정량적인 지표 외에도 네이버에 '주말랭이'를 검색하면 충성 고객, 말하자면 '찐팬'이 많다는 것을 체감할 수 있다. 자랑이 길지만 너그러이 양해해주시기를. 왜냐하면 그동안 어디서도 밝히지 않은 우리의 찐팬 만들기 비결을 공개할 예정이기 때문이다.

IT 회사에서 서비스 기획자로 6년 이상 일하며 회사에서 가장 많이 듣고 배운 것은 바로 '유저 입장에서 바라보기'이다. 서비스 기획과 개선에 있어서 의견이 충돌하거나 혼란이 생기면 잠시 숨을 고른 뒤, 유저 입장에서 생각해보곤 했다. 이해관계가 다른 멤버 혹은 팀이라도 '유저'라는 동일한 사람의 시선으로 이슈를 객관적으로 다시 바라보면 늘 비슷한 의견이 모였고, 의견을 조율할 수 있었다. 회사에서 배운 이 관점은 사이드 프로젝트에 큰 도움이 되었지만, 브랜드와 고객의 관계를 깊이 형성하는 데 있어서는 내게 다소의 아쉬움을 남겼다. '유저' 혹은 '고객'이라는 단어가 주는 거리감에 그 이유가 있다고 생각한다. 대상을 그렇게 정의하는 순간 그들과 나 사이에는 '서비스 공급자'와 '소비자'라는 관계 프레임이 만들어지기 쉽다.

뉴스레터를 운영할 때에도 마찬가지다. 우리 콘텐츠를 받아보는 이들을 단순히 '구독자'라고 생각하는 순간 콘텐츠 생산자와 소비자 관계만 형성된다. 물론 이것도 틀린 건 아니지만, 우리는 '행복한 주말이 지속가능한 삶을 만든다'는 가치를 공유하는 친구 같은 관계를 형성하고 싶었다. 그래서 '구독자'라 말보다는 '랭랭이'라는 애칭을 사용하기로 했고 실제로 회의를 하거나 의사결정을 할 때도 '랭랭이'라는 단어를 사용하려고 한다. "구독자라면 어떨까?"가 아니라 "랭랭이는 어떻게 생각할 것 같아?"라고 묻는다.

관계는 형성하는 것만큼이나 오래오래 유지하는 것도 중요하다. 친구, 연인이 그렇듯이 구독자와의 관계도 시간에 따라 쌓인 신뢰의 농도가 달라지기 때문이다. 우리는 랭랭이들과 '연애하는 마음'으로 관계를 이어가고 있다.

브랜딩을 연애에 비유하는 책과 강연을 종종 볼 수 있다. 뻔한 말처럼 보일지 몰라도, 나는 충분히 공감했고 적용해보고 싶었다. 브랜딩은 연애와 같다는 명제에 공감하게 된 배경은 단순하다. 내가 스무 살에 만난 연인과 11년을 함께하며 결혼했고, 그 시기에 사귄 친구가 지금도 내가 가장 신뢰하는 사람이기 때문이다. 누군가와 오랜 기간 관계를 쌓아온 나의 사적인 경험을 〈주말랭이〉와 랭랭이의 관계에도 적용해보고 싶은 호기심이 생겼다. 그만큼 랭랭이들의 주말에 〈주말랭이〉가 오래 함께하기를 진심으로 바랐다. 어떻게 하면 연애하는 마음으로 뉴스레터를 운영할 수 있을까?

우리는 구독자를 연인이라고 생각하고 행동과 결정의 기준을

'연애 상대와 헤어지지 않는 것'에 초점을 맞추었다. 비록 나는 연애 고수는 아니지만, 한 사람과 오래 연애하는 방법은 꽤 터득한 편이다. 개인적인 경험을 바탕으로 구독자와의 관계 강화 방법을 설계했다.

방법1. 새로운 모습 끊임없이 보여주기

연애 기간이 길어지면 상대의 행동에 무감각해지고 권태감을 느끼기 쉽다. (사실 꼭 연애가 아니더라도 똑같은 하루가 계속 반복되면 일상이 따분하다고 느끼는 것과 비슷하다.) 브랜드나 뉴스레터도 마찬가지이다. 매주 비슷한 내용과 콘텐츠, 비주얼이 오랜 기간 지속되면 보는 사람은 지루하고 관계는 느슨해진다. 그럴 때쯤 "이런 모습도 있었어? 반전 매력이네!" 포인트를 만들자.

➡ 〈주말랭이〉 뉴스레터는 이 규칙을 정직하게 적용했다. 2020년 8월 첫 번째 뉴스레터부터 이후 3년 동안 발행된 뉴스레터를 시간 순으로 쭉 펼쳐보면 사소한 디테일부터 굵직한 디자인까지 크고 작은 변화를 볼 수 있다. "우리는 지루하지 않아요! 이런 새로운 모습도 있어요"라는 메시지를 계속 전했다. 앞으로도 우리는 끊임없이 새로운 매력을 보여줄 것이다.

방법2. 공감하고 배려하기

연애의 기본은 무엇일까? 사람마다 각기 다른 대답을 하겠지만 나는 '공감과 배려'라고 생각한다. 이게 없다면 설렘과 사랑은 모래성과 다름없다. 친구들이 연애를 오래할 수 있는 비결을 물을 때면 우리 부부는 '상대방을 향한 배려심'을 꼽곤 한다. 상대방이 좋아하는 것과 싫어하는 것을 알아차리는 것, 그리고 넘어도 되는 선과 아닌 선을 구분할 줄 아는 것. 그것이 공감과 배려의 핵심이라고 생각한다.

➡ 〈주말랭이〉는 늘 구독자와 공감하고 배려하려고 노력한다. 예를 들면 문의는 이메일, 카카오톡, 인스타그램 DM, 홈페이지 등 다양한 소통 채널로 받고 있다. 그리고 모든 문의와 상담에 대해 100% 응답률을 유지 중이며, 이를 꼭 지키려고 한다. 소수 인원이 운영하는 브랜드라 자원이 넉넉하지는 않지만 이 부분에서만큼은 효율을 따지지 않는다. 이유는 간단하다. 구독자를 연인이라고 생각하면 문의에 답을 하지 않는 건 상대방이 보낸 메시지를 읽고 답장하지 않는 것과 마찬가지니까.

방법3. 약속 잘 지키기

아무리 매력적이어도 상대를 믿을 수 없는 연애는 오래갈 수 없다. 사소한 약속이라도 지키는 신뢰가 꼭 필요하다.

➡ 〈주말랭이〉는 아주 작은 약속이라도 구독자에게 말한 내용은 무조건 지키려고 한다. 그중 하나인 뉴스레터가 발송되는 시간 '매주 금요일 오전 8시'는 무슨 일이 있어도 지각이나 결석 없이 지킨다. 그 외에도 뉴스레터에 브랜디드 광고를 도입하면서 구독자에게 '세 가지 광고 원칙'을 공유했으며, 누구든 언제나 볼 수 있게 홈페이지와 뉴스레터에 게재했다. 이 또한 지금까지 예외 없이 지키고 있다.

이 외에도 '진심을 보여주기', '솔직하기' 등의 방법이 있지만 가장 중요하게 생각한 건 위의 세 가지이다. 지난 3년간 뉴스레터를 운영하면서 결정한 대부분의 일들은 구독자와 우리가 '연인'이라는 기준에 맞추었다. '유저 입장에서 보기'를 넘어서서 구독자를 연인처럼 바라보고, 이런 시간이 쌓이다보면 서로를 진심으로 응원하는 끈끈한 관계가 자연스럽게 만들어질 것이라고 확신한다.

+ 886 DAY

랭랭이들과 함께 소소한 오프라인 파티를 진행했다.
메일함 너머의 사람들을 실제로 보니 반가웠다.
우리는 언제 처음 만났냐는 듯 금방 친해졌다.

- 2022. 10. 29

+ 896 DAY

매출이 급격히 오르고, 많은 곳에서 우리를 찾고 있다.
돈을 바라지 않고 진정성으로 소통한 시간들이 쌓여
유의미한 수입을 만들어준 것 같아 리더로서 뿌듯하다.

- 2022. 11. 8

Making Tip
뉴스레터 수익화 방법 이모저모

뉴스레터는 유튜브나 인스타그램과 같은 다른 매체에 비해 수익화 방법이 잘 알려져 있지 않고 정보를 찾기도 어렵다. 수익을 주목적으로 한 것이 아니라 셀프 브랜딩, 팬과의 관계 형성을 위해 뉴스레터를 시작했더라도 지속적으로 운영하려면 안정적인 수익 창출이 어느 정도 필요하다. 뉴스레터로 수익을 낼 수 있는 몇 가지 방법을 소개한다. 그 전에 한 가지 당부의 이야기를 전하고 싶다. 수익화를 시도하기 전에 뉴스레터를 시작할 때의 초심을 다시 한번 되새길 것! 내가 왜 뉴스레터를 시작했는지, 무엇을 얻고자 했는지에 따라 수익화 도입 시기와 종류가 달라진다.

1. 뉴스레터 매체 자체에서 수익 창출

• 브랜디드 광고 : 가장 잘 알려진 방법으로, 광고주에게 의뢰를 받아 콘텐츠를 작성하고 뉴스레터에 실어 광고를 송출하는 방식이다. 〈주말랭이〉를 비롯해 다른 많은 뉴스레터들이 이 방식으로 수익을 창출하고 있다. 단, 이때 뉴스레터 제목 및 본문에 '광고'임을 명확하게 표기할 법적인 의무가 있다. 가장 대중적인 방법이지만, 광고주에게 매력적인 매체로 보이는 구독 규모를 갖추기까지 시간이 소요된다. 자신의 뉴스레터와 잘 맞는 광고주를 선정하는 기준을 세워보기를 추천한다. 무엇보다 제 1고객은 구독자임을 결코 잊지 말자.

• 후원하기 : 양질의 무료 콘텐츠를 제공하되, 구독자가 후원을 선택할 수 있도록 하는 방법이다. 뉴스레터 본문에 '커피 한 잔 선물하기'와 같은 버튼을 넣고, 후원 결제 페이지로 연결하는 방식이다. 부담 없는 선에서 수익화를 도모할 수 있으나 지속적이지 않다는 점을 염두해야 한다. 후원하기를 도입할 경우 '왜 후원을 받아야 하는지', '후원금은 어디에 쓰이는지', '후원자에게는 어떠한 혜택이 있는지' 등을 구체적으로 명시하는 것을 추천한다.

• 유료화 / 부분 유료화 : 비용을 받고 뉴스레터를 발송하는 방식으로 완전 유료화와 부분 유료화로 나뉜다. 부분 유료 레터

를 서비스할 경우 특별한 비정기 뉴스레터 혹은 프라이빗 커뮤니티(채팅방, 오프라인 만남) 등의 추가 혜택을 제공하여 유료 결제를 하면 왜 좋은지 명확하게 제시하자.

유료 뉴스레터 예로 '집요한 마케터들의 기록'을 담은 〈moist notes〉, 멤버십 구독자에게만 발송되는 뉴스레터 〈Achim〉 등을 참고해도 좋다. 부분 유료 뉴스레터로의 예로는 해외 경제를 이야기하는 레터 〈커피팟〉을 들 수 있다. 뉴스레터 자체는 무료 구독이지만 '샷 추가'라는 추가 유료 결제시 일주일에 세 번 스페셜 레터 및 오프라인 모임 등의 추가 혜택을 받을 수 있다.

• 배너 : 광고 이미지 배너를 뉴스레터 안에 넣는 방식이다. 블로그 게시글과 같은 롱폼 콘텐츠에서 흔히 활용되는 광고 방식이다. 디자인과 광고 소재가 뉴스레터 콘텐츠를 해치지 않는 선에서 집행할 것을 추천한다. 취향을 이야기하는 뉴스레터 〈바게트〉를 참고해도 좋다.

2. 브릿지로 활용해 수익 창출하기

뉴스레터를 구독자와의 관계를 단단히 하거나, 나만의 퍼스널 브랜딩을 하기 위한 수단으로 시작했다면 앞서 소개한 뉴스레터 자체 수익화는 추천하지 않는다. 그보다는 그간 만든 충성 고객, 트래픽을 기반으로 뉴스레터를 다른 비즈니스로 연결하는 브릿지로 활용하는 건 어떨까. 몇 가지 사례를 살펴보자.

- 다른 매체의 콘텐츠 홍보 및 트래픽 증가 : MZ세대의 트렌드를 소개하는 뉴스레터 〈캐릿〉, IT뉴스를 쉽고 재밌게 푸는 미디어 〈아웃스탠딩〉은 홈페이지에 게재한 양질의 콘텐츠를 유료 멤버십 고객만 공개한다. 하지만 이 콘텐츠 중 일부를 무료로 운영하는 뉴스레터에 미리보기 형식으로 소개한다. 이렇게 호감을 얻는 동시에 뉴스레터 구독자가 홈페이지로 이동해 콘텐츠를 더 많이 이용하도록 유도할 수 있다. 그 밖에도 유튜브나 팟캐스트를 주로 운영하며 주채널을 더욱 키우기 위한 수단으로 뉴스레터를 운영하는 사례도 있다.

- 유료 커뮤니티, 멤버십 운영하기 : 뉴스레터로 신뢰 관계를 형성한 구독자들과 함께 뉴스레터 주제와 이어지는 모임, 행사 등을 운영해 수익을 얻는 방법도 있다. 마케팅 트렌드를 쉽게 전하는 뉴스레터 〈풋풋레터〉는 매월 마케팅 유료 독서 모임을 운영한다. 양질의 콘텐츠를 요약 및 큐레이션하는 〈썸원〉은 뉴스레터는 무료지만, 연계된 유료 멤버십을 통해 아카이빙 서비스와 멤버십 회원에게만 공개된 콘텐츠 등을 제공한다.

- 기타 : 뉴스레터로 형성한 퍼스널 브랜딩으로 단행본 출간,

강의 진행, 직접 제작한 굿즈나 제품을 판매하는 등 새로운 기회를 만들어낸 사례도 많다.

3. 콘텐츠 판매하기

하나의 주제로 꾸준히 콘텐츠를 만들다보면 다른 매체에 콘텐츠를 기고할 수 있는 기회가 찾아오기도 한다. 다양한 콘텐츠를 서비스하는 어플리케이션이나 포털 사이트 등에 콘텐츠를 추가 기고하고, 원고료를 받는 방식으로 수익을 창출할 수 있다.

+ **931 DAY**

회사는 연말 평가 시즌이다. 사이드 프로젝트를 한다고 본업에 지장이 가는 게 싫어서 더더욱 회사 일을 열심히 했지만, 그럼에도 불구하고 나만 아는 자잘한 실수들이 있다. 앞으로 뉴스레터에 쏟는 시간이 늘어날수록 이런 실수가 잦아질 것만 같다. 나중에 그간 내가 쌓아온 신뢰와 평판이 무너질까 두렵다.

- 2022. 12. 13

#16
안전지대를 스스로 벗어난다는 것

뉴스레터를 시작한 지 2년이 지날 때쯤, 왠지 멀지 않은 미래에 나는 퇴사할지도 모르겠다는 직감이 들었다. 번아웃은 진작 극복했고, 이전처럼 즐겁고 행복하게 회사 생활을 하고 있었다. 그러나 자꾸만 가까운 미래에 변화가 닥칠 것 같다는 생각이 들었다.

그리고 2023년 2월, 나는 네이버를 스스로 걸어 나왔다. 살면서 내가 내린 결정 중 가장 어렵고 괴로웠으며 책임감을 가장 많이 느낀 선택이었다. 좋은 직장을 다니는 나를 자랑스러워 하는 부모님과 가족들, 퇴사하면 잃을 수많은 기회비용, 꽁꽁 얼어붙은 투자 시장과 높은 금리. 퇴사하면 안 되는 이유는 너무

나도 많았다. 그럼에도 나는 퇴사했다. 내 인생의 가장 큰 결정이자 용기를 낸 일이었다.

"들어가기 어려운 회사인데… 어떻게, 왜 퇴사했어요? 후회하진 않나요?"

퇴사 후 가장 자주 받은 질문이다. 다행히 아직까지는 한 점의 후회도 없다. 하루아침에 내린 결정이 아니었고, 수개월을 매일 밤 자문자답했기에 더더욱 후회는 없다. 내게 용기를 준 문장이 있다.

"가지치기 하지 않는 나무는 더이상 크지 않는다."

인생에는 몇 번의 터닝 포인트가 있는 것 같다. 어쩌면 그동안 살아온 방식, 생각이 송두리째 바뀌는 지점들. 2022년 11월, 나는 매일 밤 열 시에 '앤드엔클럽'에서 두 시간씩 공부하고 있었다. 트루스 그룹 대표이자 기획자인 윤소정 선생님이 주최하는, 리더를 위한 공부 모임이며 인문학을 통해 변화하는 세상과 사람, 비즈니스를 배우며 서로의 성장을 응원하는 곳이다. 성인이 된 뒤, 영어나 데이터 분석과 같이 업무에 필요한 실용적인 공부는 열심히 했지만, 정작 가장 중요한 세상과 사람 공부는 게을리했던 나에게 이곳은 신세계였다.

여느 때와 다름 없이 공부하던 날이었다. 찰스 다윈의 진화론으로 시작된 이야기는 어느덧 식물의 가지치기에 닿았다.

"봄이 시작되기 전 농사꾼들은 가지치기를 시작합니다. 뿌리에 저장해둔 영양분을 가지로 올리기 전에 가지치기를 해야만 선택과 집중을 해서 열매를 맺을 수 있기 때문이죠. 무성해진 가지에는 맛있는 열매가 열리지 않습니다."

가지치기를 하지 않은 나무에는 맛있는 열매가 맺지 않는다니. 충격이었다. 가지만 무성한 나무는 현재의 내 모습 같았다. 사이드 프로젝트로 시작한 〈주말랭이〉가 많은 사람들에게 알려지고 사랑받으면서 감사하게도 그동안 생각지도 못했던 새로운 제안들을 받았다. 뉴스레터 성장을 위해 놓칠 수 없는 귀한 기회들이었다. 그렇게 뉴스레터에 몰입하는 시간이 점점 더 길어졌다. 낮에는 회사에서 서비스 기획자로 충실히 일하고 저녁엔 다시 책상에 앉아 뉴스레터 발행인으로 출근했다. 야근이라도 하는 날엔 새벽 다섯 시까지 뉴스레터 작업을 하는 일이 허

다했다. 체력이 점점 바닥나갔다. 무리한 생활, 반복되는 수면 부족은 건강 적신호로 나타났다. 무엇보다 그런 나를 바라보는 나 자신이 제일 힘들었다. 내 에너지와 집중도에는 한계가 있는데, 사이드 프로젝트가 커지면서 〈주말랭이〉라는 가지에 에너지를 점점 더 투입하다보니 본업에 지장이 가는 게 느껴졌다. 나도 모르게 전에 하지 않던 사소한 실수를 하기도 했고, 집중력을 잃은 내 모습에 실망하고 자괴감에 빠졌다.

'무슨 생각을 해. 그냥 당연히 해야지' 되뇌며 몸을 혹사하는 일상은 무성하지만 앙상한 가지를 뻗고 있는 나무와 다르지 않았다. 내가 가진 에너지는 정해져 있는데 그 영양분을 너무 많은 가지에게 동시다발적으로 공급하고 있었다. 힘에 부칠 때마다 내 한계라고 자책하기도 했지만, 실은 총량의 법칙을 무시하고 강행한 것이 문제였다.

더 필요한 곳으로 영양분을 보내기 위해 가지를 쳐야 할 때였다. 본업과 사이드 프로젝트 두 가지 모두 정말 소중하고 내가 사랑하는 일이었기에 하나를 잘라내는 것은 무척 아팠다. 하지만 당장의 아픔을 피하려고 가지를 치지 않으면 모든 가지들이 앙상해지고, 결코 열매를 맺을 수 없다.

그렇게 나는 처음으로 '퇴사'를 선택지에 놓았다. 나무는 정해진 방향 없이 가지치기한 대로 자라난다. 그렇다면 내 인생도 정해진 정답이나 방향이 없을 것이다. 내가 자라고 싶은 방향으로, 내가 궁극적으로 되고 싶은 모습에 맞게 가지를 치자. 내가 진정으로 되고 싶은 것은 뭘까?

'퇴사'와 '가지치기'를 머릿속에 처음으로 그린 후, 전에 눈여겨봤던 스티브 잡스의 연설 영상을 우연히 다시 보게 됐다. 분명히 이전에 여러 차례 보면서 필사까지 했는데 다시 보니 새로운 문장들이 마음에 와닿았다. 그는 영상에서 "당신이 진정으로 되고자 하는 것이 무엇인가?"를 묻고 있었다. 그 질문은 내 고민에 기름이 되어 쏟아졌다. 그날부터 가슴이 서서히 뜨거워졌다. 어느 방향으로 가고 싶은지, 맺고 싶은 열매는 어떤 것인지 감추려 했지만 사실 나는 알고 있었다.

"여러분의 시간은 한정돼 있습니다. 그러니 다른 사람의 삶을 사느라 시간을 허비하지 마십시오. 다른 사람들이 생각한 결과에 맞춰 사는 함정에 빠지지 마십시오. 다른 사람들의 말이 여러분 내면의 목소리를 가리는 소음이 되도록 놔두지 마십시오. 가장 중요한 것은, 자신의 마음과 직관을 따르는 용기를 지니는 것입니다. 여러분이 진정으로 되고 싶은 것이 무엇인지 마음은 이미 알고 있습니다. 그 외는 모두 부차적입니다."

- 스티브 잡스, 스탠포드대학 졸업 축사(2005. 6. 12) 중에서

+ 954 DAY

퇴사. 내 머릿속을 지배하고 있는 키워드다. 어렵게 들어온, 내가 사랑하는 회사여서 더욱 어렵다. 그럴 때마다 나는 달리기를 한다.

– 2023. 1. 5

#17
대기업, 퇴사한다고 말했다

퇴사를 결심했지만 실제 행동으로 옮기기까지는 꽤 오랜 시간이 걸렸다. 마침 지난 1년 동안의 업무 평가를 하는 시즌이 종료되었고, 나는 그간의 노력과 실력을 인정받아 꽤 높은 평가를 받았다. 퇴사하기로 단단히 결심했고 후회는 없다고 생각했지만 막상 좋은 평가를 받으니 마음이 흔들렸다.

'나 여기서 잘하고 있구나. 필요한 사람으로 인정받고 있어.'

그동안 내가 쌓은 신뢰와 실력을 인정받는 이 시점에 퇴사하는 것이 맞을까? 인생은 복리의 법칙에 따라 흐른다던데, 그동안 쌓은 탑을 내 손으로 무너뜨리는 것은 아닐까? 확고했던 마음은 온데간데없고 새로운 바람에 마음이 이리저리 휘청거렸다. 어려웠다. 무엇이 좋은 선택일까? 한 번의 선택에 따라 결말이 바뀌어버리는 게임처럼, 나라는 인생 게임에서 지금 어떤 선택을 해야 할까.

주도적인 삶, 자유로운 삶이란 무엇일까? 나는 '스스로 선택할 수 있는 삶'이라고 생각한다. 너무 뻔한 말이지만 우리는 매일 수많은 선택을 하며, 과거의 선택들이 모여 현재의 나를 만드니까. 물론 인간은 불완전해서 매번 완벽한 선택을 할 수는 없다. 다만, 큰 결정을 내릴 때 더 현명하게 선택해야 더 나은 인생으로 나아갈 수 있을 것이다. 그렇다면 선택은 어떻게 하면 잘할 수 있을까? 지금도 배우며 고민하는 과정이지만 지금까지 내게 도움이 됐던 방법을 소개해보려고 한다.

방법 1. 선택은 '포기할 것'을 정하는 일

'선택'은 '여럿 중에서 가리고(選) 가려(擇) 고른다'는 의미이다. 표면적으로는 내게 이득이 되는 최상의 것을 한 개 고르는 일이라고 보일 수 있지만, 사실 선택은 한정된 자원에서 '무엇을 포기할지' 정하는 일이기도 하다.

퇴근 후 지친 몸으로 집에 도착한 나. 소파에서 잠시 쉴까? 아니면 옷을 갈아입고 달리기하러 나갈까? 선택의 기로에 놓였을 때 '해야 하는 것'과 '하고 싶은 것'을 기준으로 삼으면 나도 모르게 여러 핑계를 들어 휴식을 선택할 확률이 높다. 그렇다면 '무엇을 포기할지' 측면에서 생각해 보자.

선택 1 : 달리기하기
➡ 포기하는 것 : 당장의 달콤한 쉼

선택 2 : 휴식하기
➡ 포기하는 것 : 건강한 육체와 정신

'오늘 뭐 먹지?', '오늘 뭐 입지?'와 같이 일상적인 선택을 할 때 이렇게까지 생각하기는 물론 어렵다. 그러나 하루아침에 결정하기 어려운, 나에게 큰 영향을 미치는 결정을 내려야 하는 선택이라면 각 옵션별로 무엇을 포기해야 하는지 적어보자. 무엇을 얻고, 무엇을 포기할 것인가? 나에게 중요한 것은 뭘까? 우리는 선택을 통해 무언가를 얻지만, 다른 무언가는 반드시 잃는다. 중요한 선택일수록 '잃을 것'을 곰곰이 고민한다면 나중에 후회할 확률이 적지 않을까?

아래는 실제로 내가 퇴사하기 전에 적은 내용이다.

선택 1 : 회사 계속 다니기

➡ 포기하는 것 : 〈주말랭이〉의 더 큰 성장과 기회

　　　　　　　: 창업 욕망

　　　　　　　: 사람, 우리를 기다리는 구독자와의 약속,
　　　　　　　　함께하는 동료들

선택 2 : 퇴사 후 창업하기

➡ 포기하는 것 : 연봉과 인센티브, 회사 복지, 네임 밸류

　　　　　　　: 안정적인 사회적 위치와 워라밸

　　　　　　　: 가족의 자부심

이렇게 적으니 무엇을 얻고 포기하는지 뚜렷하게 보였다. 모호
하고 어렵게만 보였던 선택이 조금 더 쉬워졌다. 또한 나는 어
떤 사람이고, 무엇을 중요하게 여기는지 다시 한번 생각해볼
수 있었다. 나는 내가 돈과 명예를 중요하게 여기는 사람인 줄
알았는데 생각보다 그렇지 않았다.

방법 2. 선택보다 선택 후 행동이 더 중요함을 유념하기

대학 졸업을 앞두었을 때, 나는 취업 준비로 한창 바빴다. 각종

대외 활동과 남은 학점 관리, 여러 공모전까지. 다양한 활동에 성실히 참여했지만 내가 원하는 회사에 들어가기에는 서류상 유리하지 않은 스펙이었다. 나쁘지 않은 대학과 전공, 모든 것이 평범했다. 그때 내 앞에는 두 가지 길이 있었다.

바늘 구멍을 뚫고 대기업 입사 도전하기 vs 중소기업 취업 후 이직하기.

그때의 나에겐 그 무엇보다 중요한 선택이었다. 특히 이직을 한다고 해서 나중에 원하는 회사에 들어갈 수 있는지 확실치도 않았고 관련된 정보도 많이 없었다. 어느 선택지를 고르든 불확실했다. 그때 부모님이 고민하는 내게 이렇게 말했다.

"무얼 선택하든 우리는 널 응원하고 지지해. 좋고 나쁜 선택이란 없어. 선택을 잘하는 것도 중요하지만 그 선택을 잘한 선택으로 만드는 게 훨씬 중요하단다."

정말 그랬다. 우리는 늘 선택을 잘할 수 없다. 우리는 선택지에 대한 모든 정보를 갖고 있지 않을 뿐더러, 어떤 일이 미래에 일어날지도 모른다. 그러니 선택 그 자체를 하는 것보다 선택 후에 하는 행동이 훨씬 더 중요하다. 부모님의 말에 나는 용기를 얻었다. 나는 당장 바늘 구멍을 뚫는 대기업 입사에 매진하는 것보다는 취업 후 사회 생활을 잘 해내는 것에 조금 더 자신 있었다. 그렇게 용기 내어 후자를 선택했고, 몇 번의 이직을 통해 원하던 회사인 네이버에 입사할 수 있었다.

사실 당시 내가 선택을 잘했는지는 아직도 미지수다. 전자를 선택하고 행운의 여신이 도와 바늘 구멍을 뚫었을 수도 있고, 그렇지 않을 수도 있다. 내가 무엇을 선택했든 그때의 내 행동이 또 다른 나를 만들지 않았을까?

'선택 후의 행동이 더 중요하다'는 생각은 안개 속 갈림길에 설 때마다 늘 용기를 주었다. 마지막 퇴사를 할 때도 마찬가지였다. 내 선택이 어리석은 것은 아닐까? 잘하는 것일까? 진정 나를 위한 걸까? 밤마다 두려움에 휩싸일 때면 나는 주문처럼 이 생각을 되새겼다.

'어차피 이게 좋은 선택인지 아닌지는 아무도 몰라. 그냥 내가 좋은 선택으로 만들면 돼. 그러니까 내가 더 포기하고 싶지 않은 것을 고르자. 그리고 죽을 듯이 최선을 다해 좋은 선택으로

만들자. 늘 그래왔던 것처럼.'

지금도 우리는 선택의 기로에 놓인다. 성장하면 성장할수록 주어지는 선택지는 어렵고 불분명하다. 이성적으로 신중하고 치열하게 고민하되, 한 번 결정하면 더이상 물음표를 갖지 말자. 내 선택을 느낌표로 만드는 용기와 뚝심이 필요한 차례다.

그렇게 나는 공휴일이 몇 개인지 세는 삶에서 벗어나기로 결심했다. 혹시 나와 비슷한 고민을 하고 있다면 한 가지 말을 덧붙여 전하고 싶다. 점점 평균이 없는 시대가 오고 있다. 정답도 오답도 없다. '공부가 곧 성공'이라는 공식은 깨졌고 대학도 꼭 가지 않아도 된다. 각자의 성공 기준이 다르고, 거기에 이르는 방법도 다르다. 그리고 무엇보다 꼭 성공하지 않아도 된다. 그러니 나다운 선택을 하자. 그리고 최선을 다해 그 선택을 후회 없는 선택으로 만들자. 그럼 결과가 어찌 되었든 과정에서 행복할 수 있지 않을까.

결국 퇴사했다. 사람들에게 축하를 받았지만 마냥 기쁘지만은 않다. 내 이름으로 된 사업자등록증을 발급받고 나니 그제야 조금씩 실감이 났다. 이제 24시간 내가 좋아하는 일만 해도 된다는 자유로움이 나를 위로한다. 이제 뭐부터 할까?

- 2023. 2. 3

#18
약속을 지키고 싶어서

퇴사를 실행에 옮길 수 있던 바탕에는 책임감이 있다. 앞서 기록한 것처럼 나는 혼자가 아니었다. 매주 함께하는 팀원들, 금요일 오전에 〈주말랭이〉를 설레는 마음으로 기다리는 수만 명의 독자들이 있다는 사실이 나를 이끌었다.

퇴사를 고민할 당시의 나는 악화된 건강과 집중력의 부재 등으로 가지치기를 해야 하는 상황이었다. '회사 일이 아닌 〈주말랭이〉를 가지치기한다면?'이란 생각을 떠올릴 때면 뉴스레터를 함께 만드는 동료와 수만 명의 구독자들이 눈에 아른거렸다. 처음엔 혼자 시작했지만 이제는 더이상 나만의 것이 아니라는 무거운 책임감이었다.

사실 나에게는 회사를 안정적으로 다니며 탄탄하게 커리어를 쌓는 게 더 쉽다. 하지만 어느 날 내가 "이제 더이상 〈주말랭이〉는 발송되지 않습니다. 그동안 감사했습니다"라는 작별인사로 뉴스레터를 종료한다면? 구독자들은 일방적인 이별 통보에 상처를 받을 것만 같았다. 사귀는 상대는 아무 잘못도 안 했는데 내가 갑자기 "나 이제 바쁘니 우리 헤어져" 이별 통보를 하는 것과 다를 게 무엇인가. 이런 이별은 통보는 받는 사람도, 하는 사람에게도 상처만 남는다.

무엇보다 〈주말랭이〉만큼 주말의 설렘을 전하는 브랜드가 아직 없다고 판단했다. 즉, 내가 회사 밖에서 지켜야 할 약속과 세상을 위해 만들어야 하는 가치가 존재한다. 이 생각들이 퇴사라는 과감한 선택을 하는 심지가 되어주었다. 나는 그저 단순히 돈을 벌기 위해, 성공하기 위해 퇴사한 것이 아니다. 지키고 싶었다. 팀원과 구독자, 그리고 과거의 나와 한 약속을.

+ **1002 DAY**

아빠는 창업을 시작한 나에게 지구본을 사라고 조언하셨다.
파주에 있는 어느 빈티지 가게에서 멋스러운 지구본을 구매했다.

– 2023. 2. 22

+ **1035 DAY**

모든 것이 서투르고 실수투성이다.
'사업'이란 무엇이고 '대표'란 누구일까.
내가 무엇을 모르는지 모르는 게
지금의 가장 큰 문제이다.

– 2023. 3. 27

#19
배트를 휘둘러야 타율이 올라간다

〈주말랭이〉가 사이드 프로젝트로 운영되던 때에는 수익을 내지 않아도 유지될 수 있는 구조였다. 그렇기에 나에게 뉴스레터로 얻는 수익은 1순위가 아니었다. 늘 수익보다는 진정성과 신뢰가 우선이었고, 크고 작은 선택 역시 그에 맞게 이루어졌다.

그러나 이 일이 사업이 되자 직원 월급을 비롯한 고정적인 지출이 발생했다. 안정적으로 수익을 창출하지 않는다면 내가 중요시하는 진정성과 지속가능성 역시 존재할 수 없다는 명백한 사실을 마주했다. 우리가 더 행복하게 일하고, 구독자에게 더 가치 있는 콘텐츠와 서비스를 제공하려면 이전과는 다른 문법이 필요했다.

가장 쉬운 방법은 뉴스레터에 광고 구좌를 늘리는 것이었지만, 그건 생존에 위협을 받더라도 가장 하고 싶지 않은 선택이다. 가장 쉽지만 가장 피해야 하는 최악의 패다. 그동안 지켜온 신뢰와 진정성이 사라질 수 있으니까. 광고가 아닌 새로운 가치를 만들고 이를 통한 수익이 자연스레 발생하는 방법을 찾는 것이 내 숙제이자 우리의 유일한 생존법이었다.

그동안 쌓아온 신뢰를 바탕으로 어떤 추가 가치를 만들 수 있을지 며칠을 종이에 적고 지우고를 반복했다. 그러다 한 가지 중요한 사실을 깨달았다. 나는 겁에 질려 있었다.

'랭랭이의 주말이 행복했으면 좋겠다는 마음은 변하지 않았는데. 혹시 내가 새롭게 시도하는 일들이 그간의 신뢰를 깨면 어떡하지? 랭랭이들이 어떻게 생각할까?'

새로 도전하는 일들이 혹여 비난을 받을까 두려웠다. 게다가 내가 하고자 하는 일의 선례가 부족해 실패에 대한 부담감도 굉장했다. 새로운 도전과 불투명한 리스크 사이에서 혼자만의 씨름을 하며 시간을 보내는 날들이 이어졌다. 이런 시간이 쌓이고 쌓여 가슴이 답답해 탄천을 걷는데 반려자 케빈이 나에게 물었다.

"요즘에 무슨 고민이 있어? 표정이 안 좋아 보여."
"나… 〈주말랭이〉로 새롭게 해보고 싶은 일이 있는데 잘할 수
있을지 모르겠어. 겁이 나."
"어떤 일이길래 그래? 넌 일단 시작해보는 편인데 겁이 날 정
도야?"

그렇게 내가 꿈꾸는 일을 처음으로 입밖으로 털어놓았다. 머
릿속으로만 그리던 상상을 꺼내니 가슴이 뛰었다. 그러나 여
전히 두려웠다. 그러다 내 이야기를 묵묵히 듣던 케빈은 이렇
게 말했다.

"지금 네 사업의 레벨이나 단계를 야구에 비유하면 아직 프로
구단에 들어가지 못한 선수와 같아. 아직 타율과 같은 성적표
가 나오지 않은 상태이고. 한 번에 홈런을 치고 싶은데 성공 확
률을 모르겠으니 두려운 게 아닐까? 지금은 승패에 대한 스트
레스 없이 감각을 익혀야 할 때야. 배트를 마구 써봐야 내 타
율은 얼마인지, 무엇이 잘못되었고, 뭘 잘하는지 알게 되니까.
무수한 배팅을 통해 타율을 높이는 연습 시간을 갖는다고 생

각해봐."

케빈은 이어 말했다.

"큰 기업과 사업일수록 배트를 한 번 쓸 때 들어가는 비용이 커서 마구 휘두를 수 없지만, 지금 네가 하고 싶은 일들은 그 비용이 적어. 그러니 많이 휘둘러봐. 그리고 점차 타율을 높여나가면 되지. 겁먹지 마. 지금이야말로 헛스윙을 두려워 않고 배트를 쓸 때야."

딱 필요했던 조언이었다. 나는 몸에 너무 힘을 준 채 실패를 두려워하고 있었다. 아직 배트를 휘두르지도 않았으면서 타율과 기록부터 생각하고 있었다. 지금 나에게 필요한 것은 헛스윙에 대한 두려움이 아니라, 내 타율을 높이기 위한 수많은 연습과 체력 보강이었다. 잃을 게 적은 지금에만 할 수 있는, 지금 해야 하는 일들이었다.

덕분에 나는 조급함과 두려움에서 한층 자유로워졌다. 바로 다음 날 사무실에 출근해 막연히 생각만 하던 일의 세부 플랜을 세웠고, 아주 작은 것부터 실행에 옮기기 시작했다.

만약 무언가를 시작했지만 본격적으로 뛰어들기 전에 두려움이 앞선다면, 배트를 휘둘러야 타율이 올라간다는 사실을 잊지 말자. 배트를 휘두르지 않으면 아무 일도 일어나지 않으며, 한두 번 헛스윙을 해도 인생은 무너지지 않는다.

〈주말랭이〉의 첫 단행본이 출간되었다. 로컬 여행지를 소개하는 책이다. 우리가 만든 콘텐츠를 새로운 형태로, 더 많은 사람들에게 전할 수 있어서 기쁘다. 판매 실적에 연연하지 않기로 했는데 막상 출간하니 괜히 기대되는 마음이다.

- 2023. 5. 3

창업 후 드디어 올해의 사업 목표를 세웠다. 첫 번째는 디자인 리브랜딩이다. 아주 오래전부터 품어온 우리 팀의 숙원 사업이다. 두 번째는 뉴스레터 외의 새로운 사업에 도전하는 것이다. 그게 무엇일지는 아직 나도 모르겠다.

– 2023. 6. 10

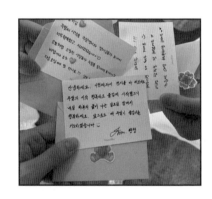

찐랭이들을 초대해 와인바에서 소소한 파티를 했다. 구독자와의 만남은 언제나 기쁘고 설렌다. 아무리 바쁘더라도 직접 만나 이야기를 나누는 시간을 꼭 확보해야지.

– 2023. 6. 17

#20
해답을 찾아가는 과정

팔로워follower에서 리더leader가 되었을 때 가장 크게 바뀐 것은 바로 업무이다. 팔로워일 때는 리더의 지휘에 맞게, 내 포지션 안에서 최대한의 아웃풋을 빨리 만드는 것이 주임무다. 그러나 리더는 다르다. 더이상 따를 대상이 없고, 자신이 주축이 되어 나아가야 할 방향과 시스템을 만들고 개척해야 한다.

20대의 나는 '정답'이라는 목표를 향해 결과 중심적으로 살아왔다. 어떤 문제에 대한 맞는 답, 정해진 답을 얻는 일에 시간을 보냈다. 휴학 없이 빠른 취업을 택했고, 나아가 대기업 사원증을 목에 걸고 싶었다. 세상이 정해준 평균이라는 기준과 정답에 내 방향을 맡겼다. 그러나 사업을 시작하며 생각이 바

뛰었다.

1. 내가 경계해야 할 것은 '오답'이 아니라 '정답은 하나'라는 사고방식이다.
2. 정답보다 해답을 찾는 일이 더 중요하다.

정답을 찾으려고 하면 혁신은 일어나지 않는다. 스티브 잡스가 정답을 찾으려고 했다면 지금의 아이폰이 탄생하지 않았을 것이다. 사람들이 말 타고 다니던 시절에 헨리 포드가 정답을 찾으려고 했다면 오늘날 포드 자동차는 없다. 혁신은 언제나 본질적인 문제를 찾고 그 해답을 찾을 때 일어났다.

앞으로 나도 내 인생과 사업을 끌고 나아갈 때 세상이 정한 정답이 아니라, 나답게 우리 회사다운 해답을 찾아가는 과정을 즐기기로 결심했다.

5월에 출간한 책이 베스트셀러가 되었다. 사람들이 콘텐츠의 한 끗 차이와 진심을 알아주는 것이 신기하고 한편으로는 무섭기도 하다. 역시 요행을 바라면 안 된다. 세상은 냉정하다!

– 2023. 7. 10

+ 1218 DAY

3대 1의 경쟁률을 뚫고 경기콘텐츠진흥원 건물에 입주했다. 뷰 좋은 판교 테크노밸리에 오피스가 있다니! 무엇보다 팀원들이 좋아하니 기쁘다. 언젠가 한강뷰 오피스로 이사갈 날도 올까?

– 2023. 9. 26

+ 1234 DAY

드디어 〈주말랭이〉 디자인이 바뀌었다. 3년 전 내가 그림판으로 그린 로고는 이제 마음으로 간직한다. 새로운 모습을 보니 괜히 흐뭇하고 기분이 좋다.

- 2023. 10. 12

#21
결정할 줄 아는 사람

지금과 다른 삶을 살고 싶을 땐 세 가지를 바꾸라는 말이 있다. 새로운 사람들을 만나거나, 시간을 달리 쓰거나, 환경을 바꾸라는 것. 역으로 이전과 다른 삶을 살면 이 세 가지가 바뀌기도 하는 것 같다.

퇴사한 뒤 세 가지가 모두 바뀌었다. 우선 정체성이 크게 변했다. 직장인에서 창업가로, 한 명의 팀원에서 여러 명을 책임지는 리더가 되었다. 내 이름으로 된 사업자등록증과 대표 직함이 찍힌 명함을 만들 때까지만 해도 몰랐다. 사업가는 생각보다 멋있지 않다. 성장하지 않으면 도태되는 현실 속에서 긴장을 놓지 않고 두려움과 싸워야 한다. 생존을 온몸으로 책임져야 한다. 생각하는 것을 게을리해선 안 되고, 숙고와 빠른 행동 사이의 균형을 잃지 않아야 한다.

비록 '창업가'라는 타이틀을 단 지 아직 6개월밖에 되지 않았지만, 직장에서의 3년과도 같은 성장통을 겪었다. 전엔 알지 못했던 나의 새로운 모습을 발견했고, 숨겨온 단점을 드러내고 벗어던지며 나에게 크고 작은 변화와 성장이 있었다. MBTI도 바뀌었다. 하고 싶은 게 많은 ENFP 성격 유형에서 해야 할 것과 하지 않아야 할 것을 먼저 구분하는 ENTJ가 되었다. 만나는 사람들, 대화 주제, 생활 패턴, 일기장 내용 등 하나부터 열까지 변화했다.

가장 크게 변한 것은 바로 태도이다. 일과 사람, 세상, 나 자신을 바라보는 태도 모두 바뀌었지만 그중에서도 일에 대해 바뀐 사고방식을 함께 나누고 싶다.

결정할 줄 아는 사람

직장인일 때와 지금의 가장 큰 차이점 중 하나는 바로 의사결정권자가 나 자신이라는 점이다. 회사에서는 스스로 결정하기 어려운 영역의 경우, 팀장님과 같은 상위 의사결정권자에게 조언을 구하고 도움을 받을 수 있었다. 실무자 레벨의 결정은 스스로 할 수 있어도 내 생각에 확신이 없거나, 더 높은 레벨의 고민에 대해서는 해결사를 찾으면 충분했다. 이전의 나는 아는 영역에서는 제법 결정을 잘했지만, 나의 범위를 조금만 벗어나면 어려워하며 윗분께 넘기곤 했다.

그러나 이제는 해결사가 없다. 아니, 내가 바로 해결사이다. 내가 스스로 생각하고 선택하고 결정하고 그 책임을 져야 한다. 처음에는 내 결정에 확신이 없을 때가 많았다. 이렇게 하는 게 맞을까? 더 좋은 방법은 없을까? 이게 최선일까? 등등의 고민으로 매일 잠을 못 이룰 만큼 무서웠다. 사업이 성장함에 따라 단번에 결정하기 어렵고 모호한 영역의 크기는 커졌고, 그에 걸맞게 책임도 무거워졌다. 이런 상황이 버거울 때도 있었다.

하지만 어쩌겠나. 나 아니면 결정할 사람이 없다. 이걸 못하면 사업가의 자리에서 물러나야 한다. 리더는 결정하고 책임지는 사람이다. 리더가 되려면 나의 고질적 결정 장애를 극복해야만 했다. 그리고 6개월이 지난 지금, 나는 꽤 자신 있게 결정할 수 있게 되었다. 스스로 결정할 수 있는 사람이 되려고 세 가지 습관을 만들었다.

습관 1. 내가 한 선택을 '잘한 선택'으로 만들 것을 잊지 않기

'선택을 잘하는 것도 중요하지만, 그 선택을 잘한 선택으로 만드는 게 중요하다'를 계속 되새겼다. 맞다. 퇴사할 때 나에게 용기를 주었던 그 문장이다. 이는 사업에 있어서도 크게 다르지 않았다. 100점짜리 선택을 하려고 숙고하다가 기회를 놓치는 것보다 80점짜리라도 일단 선택하는 게 낫다. 그 선택을 내가 잘한 선택으로 만들어나가면 된다.

습관 2. 선택 회고하기

매주 일요일 저녁마다 선택을 회고하는 시간을 가졌다. 그 주에 있었던 나와 우리 팀의 업무를 돌아보고, 내가 한 선택과 그 결과까지 쭉 다시 돌아봤다. 이렇게 셀프 회고하는 습관을 기르며 선택에 대한 첨삭을 반복했더니 나의 안 좋은 습관은 물론 장점까지 선명히 보였다. 그 결과 점점 더 나은 선택을 할 수 있었고 자신감이 생겼다.

습관 3. '왜?' 자주 묻기

중요한 결정일수록 '5why 분석법'을 통해 생각의 지구력을 길렀다. 5why 분석법은 근본적인 문제점을 찾기 위한 프레임워크 중 하나로, 최소 5회 이상 문제 발생 이유를 묻는 방식이다.

꼬리에 꼬리를 물고 '왜?'를 묻는 것이다. 내가 하는 결정의 파급력, 투입되는 자원이 커진 만큼, 전보다 더 '왜?'를 종이에 써가며 논리를 만드는 습관을 붙였다.

회사가 변화에 적응하지 못하면 도태되고 사라진다. 사업가도 마찬가지 아닐까. 나의 태도와 행동이 사업가, 리더에 걸맞게 변화하지 않으면 안 된다. 그렇게 나는 작은 선택도 어려워하던 직장인에서 과감한 선택도 자신 있게 하는 사업가로 한 걸음 나아갔다.

#22
주말랭이 팀이 일하는 방식

창업을 하고 시간이 지날수록, 감사하게도 예상치 못했던 많은 비즈니스 기회들이 찾아와 '즐거운 주말을 전하자'는 비전 하에 우리가 할 수 있는 일들이 점차 많아졌다. 그리하여 창업 후 1년이 채 안 된 시점에 아주 큰 이벤트, 채용을 하기로 결정했다. 새로운 누군가와 〈주말랭이〉를 함께한다고 생각하니 무척 떨리고 설레었다.

채용을 위해 준비해야 하는 것들은 생각보다 많았다. 채용 안내 페이지부터 프로세스 구축, 복지 명문화 등 할일을 하나씩 적다보니 그보다 중요한 것이 있다는 걸 알게 되었다. 바로 '우리가 일하는 방식을 담은 원칙'이었다. 그동안은 함께한 시간 덕분에 서로 눈만 봐도 통했고, 그래서 암묵적으로 해오던 것들이 있었다. 이것들을 명문화하고 우리만의 팀 문화를 만드는 게 중요하다는 생각이 들었다. 물론 어떻게 일해야 하는지 시스템은 만들어왔지만, 어떤 사람들과 어떠한 문화로 일하고 싶은지는 이야기해본 적이 없었다.

채용 페이지 만드는 것은 일단 중단했다. 우리만의 팀 문화, 인재상을 하나씩 세워보는 것이 우선이었다. 쉽지 않았다. 나는 어떤 회사를 만들어가고 싶지? 어떤 사람들과 뜻을 같이하고 싶을까? 그렇다면 우리는 어떤 사람일까? 낮에는 당장 해야 하는 일을 한 뒤 저녁에는 메이와 함께 치열하고 솔직하게 토론을 이어갔다. 그렇게 우리만의 팀 문화가 정립되었다.

완벽보다 완성
➡ 신속한 속도로 움직입니다.

: 완벽주의보다 완성주의. 실행에 집중합니다. 빠르게 시도하고 실패하는 것을 더 추구합니다.

: 팀 전체가 신속한 업무 리듬을 유지하고 강화하는 것을 지향합니다.

➡ 큰 임팩트를 만들 수 있는 일에 집중합니다.

: 하면 좋을 열 가지 일보다 지금 해결해야 하는, 가장 중요한 일에 집중합니다.

: 꼭 필요한 일이 아니라면 과감히 생략하고 큰 임팩트를 만들 수 있는 일을 먼저 합니다.

한 곳 더 높게

➡ 더 높은 수준을 추구하며, 선을 높이기 위해 노력합니다.

: 적당한 수준에서 일을 마무리짓지 않습니다.

: 목표 달성 후에도 끊임없이 개선하고 더 큰 성과를 만들 방법을 찾습니다.

우리는 한 팀!

➡ 개인의 목표보다 팀의 미션을 우선합니다.

: 회사는 공동의 목표를 달성하기 위한 곳으로, 팀을 위한 일이 최우선 순위가 됩니다.

: 팀을 위한 것이라면 언제든 주도적으로 추진할 수 있습니다. 지금 당신이 맡은 일이 팀에 가장 필요한 일이라면 동료들은 언제라도 두 팔 걷고 함께할 거예요!

➡ 피드백을 자주 구합니다.

: 공동의 목표를 더 효과적으로, 더 아름답게 달성하는 것이라는 같은 페이지 위에서 피드백합니다.

: 솔직하고 활발하게 피드백하고 수용하는 문화를 추구합니다.

즐거운 마음

➡ 밝고 즐거운 마음으로 일합니다.

: 진정으로 즐기는 마음은 결과로 우러나오며 고객에게 전해집니다.

: 다정함과 긍정의 힘을 믿는 주말랭이 팀은 경직된 상태로 일하지 않으며, 과정의 즐거움을 지키고자 합니다.

➡ 일을 통해 자아실현을 합니다.

: 그저 돈벌이 수단으로 직장을 다니는 생계형 직장인에 그치지 않고 회사와 함께 성장하길 바랍니다.

: 자신의 일을 주체적으로 즐기며 성장하는 문화를 지향하며, 일을 통한 자아실현을 서포트합니다.

첫 채용을 맞이하며 우리가 일하는 팀 문화를 정리했다. 세상을 다정하고 긍정적으로 바라보고, 한 팀으로, 한 끗 더 나은 결과를 즐기는 멋진 동료를 맞이할 준비가 되었다. 얼마나 멋진 팀원들과 함께하게 될지 기대되었고, 한편으로는 그에 걸맞는 성장 환경을 제공하고 싶은 마음에 어깨가 무거웠다.

일상을 리프레시할 수 있는 경험을 엄선해 판매하는 '경험상점'을 런 칭했다. 그렇다. 〈주말랭이〉의 신사업이다. 혹여 외면 당하지는 않을 까 잠을 설쳤는데, 오픈과 동시에 뜨거운 반응을 얻어 다행이다. 우리 는 모두 색다른 주말을 보내고 싶어하지만 여전히 세상엔 불필요한 정보가 너무 많다. 함께 밤을 새며 경험상점을 탄생시킨 동료 메이에 게 감사 인사를 전한다.

- 2023. 11. 3

#23
뉴스레터 경계를 넘어

사이드 프로젝트로 시작했지만 〈주말랭이〉는 이젠 어엿한 회사의 모습을 갖추고 있다. 더이상 '대표'라는 직함이 어색하지 않고, 정답이 없는 사항들을 결정하고 책임지는 것도 제법 익숙해졌다. 처음 창업할 때의 설렘은 이미 저 멀리 갔고, 매일 두려움과 용기 사이를 오간다.

목표가 생겼다. 생존이다. 가장 빠르게 성장하는 회사는 아니더라도, 마지막까지 성장하는 회사를 만들고 싶다. 그리고 이왕 오래오래 생존할 거라면 일을 사랑하는, 좋은 사람들과 즐겁게 일하고 싶다. 좋은 사람들과 함께 오래 일하려면 우리는 뉴스레터라는 그릇을 넘어 더 성장해야 한다.

'뉴스레터 주말랭이'라는 프레임에서 벗어나 새로운 비즈니스 모델을 찾기 위한 여정을 시작했다. 원점으로 돌아온 기분이었다. 우리는 어디에서 어디로 가야 할까? 사람들은 우리를 왜 구독할까? 〈주말랭이〉는 어떻게 돈을 들이지 않고 5만 명의 사람을 모았을까? 사람들은 왜 금요일마다 이곳에 시간을 쓸까?

다시 백지로 돌아왔던 그 순간을 아직도 잊을 수 없다. 막막했다. 무엇보다 자신이 없었다. 작은 부분의 기획은 곧잘 해왔지만, 사업적인 큰 그림과 방향성은 더 높은 단계의 과제였다. 누군가 나타나서 대신 해결해주기를 바라기도 했다. 하지만 아무리 어려워도 백지 위에 그림을 그릴 사람은 바로 나였다. 인정하고 싶지 않아도 이 사실은 변하지 않는다.

'그래, 일단 초심부터 찾아보자!'

그렇게 내가 가장 잘하는 일부터 시작했다. 내가 하는 일은 결국 구독자를 위한 것이기에, 열쇠는 그들이 지니고 있을 거라고 생각했다. 그리고 오랜 시간 뉴스레터를 사랑해준 찐랭이 구독자들에게 메일을 보냈다.

"주말랭이가 당신의 주말을 진짜 바꿨나요? 그 주말에 정말 만족하나요?"

정말 궁금했다. 금요일마다 보낸 뉴스레터가 그들의 삶을 얼마나 바꿨는지. 그리고 충분히 만족스러운 주말을 보내고 있는지. 고맙게도 2천 명이 넘는 사람들이 긴 편지와 함께 솔직한 답을 보내주었다. 답은? 〈주말랭이〉는 그들에게 금요일 출근 직후 루틴이자 없어선 안 될 존재였다. 그러나 여전히 10명 중 9명은 주말에 하는 새로운 경험에 대한 갈증을 느끼고 있었다. 주말엔 일상을 환기하고 나만의 취향을 찾으며 더 행복해지고 싶지만, 현실은 아직 휴식과 충전 혹은 집콕 아니면 맛집에 머물러 있었다. 즉, 콘텐츠 큐레이션 덕에 이전보다 양질의 정보를 획득할 수 있게 됐지만 여전히 해결되지 않는 부분이 있는 것이다.

'바로 이거다. 아직 우리가 해야 할 일이 남아 있었어.'

새로운 경험을 하려는 의지와 현실 사이의 거리를 좁히는 것이 우리의 미션이 되었다. 그렇게 막막하던 백지에 첫 점을 찍었다. 그 후 3개월 동안 집요하게 구독자를 분석했다. 페르소나를 정리하고 질문하고 개선했으며, 내가 그 페르소나가 되기 위해 감정을 이입했다. 매일 그들을 상상하며 대화했다. 2023년 11월 3일, 그렇게 '경험상점'이 탄생했다. '경험상점. 당신의 일상이 리프레시되는 경험을 파는 곳'이다.

사람들은 학교나 회사 생활 등 정해진 일과 때문에 평일에는 새로운 경험을 접하기 어렵다. 그럼 주말엔? 어떤 경험이 존재하는지, 해야 할지, 근처에 가서 무엇을 해야 하는지 물음표 투성이다. 〈주말랭이〉는 우리가 가장 잘하는 '콘텐츠'를 뿌리로 삼아, 그간 다져온 노하우를 토대로 경험을 엄선했다. 그리고 그것을 홈페이지에서 판매하기 시작했다. 달리기, 디저트 코스, 페인팅, 피크닉 등 일상을 환기할 수 있는 다양한 경험이다.

경험 상점 첫 오픈 하루 전, 나는 실망할 것이 두려웠다. 팀원들에게는 "첫술에 배부를 수 없으니 실망하지 말자. 포기하지 않는 이상 실패가 아니야"라며 기대감을 낮췄지만, 정작 나는 뜬눈으로 밤을 새웠다.

결과는? 성공이었다. 첫 번째 경험 상품은 주말은 물론이고 평일 티켓까지 연이어 마감되었다. 파트너 대표님이 들떠 연락을 주셨고, 두 번째 경험 상품은 오픈 20분 만에 매진되었다. 티켓을 더 열어달라, 취소분이 나오면 연락 달라는 구독자들의 요청이 빗발쳤다.

오랜 기간 준비하고 세운 가설을 실행했다. 그리고 그것이 검증되는 순간이었다. 행복하거나 신나기보다는 다시 백지로 돌아가지 않아도 된다는 안도감이 밀려왔다. 이제 〈주말랭이〉는 그저 뉴스레터가 아니다. 즐거운 주말의 시작을 위한 플랫폼으로 오늘도 한 걸음 더 나아가고 있다.

〈주말랭이〉를 시작한 지 어느새 4년이 지났다. 과거의 나는 결과만 만족스럽다면 과정이야 어떻든 상관없다는 식의 결과 중심적인 사람이었다. 원하는 목표에 도달하려면 현실에서의 희생과 인내는 당연히 감수해야 한다고 여겼다. 그러나 아이러니하게도 내가 〈주말랭이〉를 지금까지 할 수 있었던 것은 특정한 목적지가 아니라 과정 그 자체 덕분이었다. 산 정상에 땀을 뻘뻘 흘리며 등산해서 도착한 것과 헬리콥터를 타고 도착한 기분이 다른 것처럼.

단기적 목표와 작은 성공도 물론 필요하지만, 결국 나를 있게 하는 건 도착지 그 자체보다 그곳으로 가는 여정이다. 〈주말랭이〉로 얼마를 벌고 무엇이 되겠다는 생각처럼 결과만 생각했다면 이미 지쳐서 링 밖으로 떨어졌을 것 같다는 생각이 드는 하루.

어쩌면 성공은 특정한 상태가 아니지 않을까? 그렇다면 내가 생각하는 성공은 무엇일까? 성공과 실패를 다시 정의해봐야지.

– 2024. 3. 10

#24
주말, 가장 주체적인 내가 되는 시간

"주말에 진심인 엄지님의 주말은 어떤가요?"

〈주말랭이〉를 운영하면서 가장 많이 들었던 질문을 꼽으라면
이것이 아닐까? 나도 다른 사람들과 비슷하다. 어쩌면 집순이
에 가까운 시간을 보낸다. 좋아하는 노래를 들으며 어슬렁어
슬렁 동네 산책을 하거나 보고 싶은 친구들을 만나 사는 이야
기를 나누기도 하며, 아주 가끔 차를 타고 한적한 곳으로 떠난
다. 일요일은 주로 책상에 앉아 못다 한 일을 하거나 지난 일주
일을 회고하며 월요일을 준비한다. 누군가는 〈주말랭이〉 운영
자의 주말이 특별할 것 없다는 사실에 놀랄지도 모른다. 소위
핫플레이스를 즐겨 다니거나 여행을 자주 떠나지도 않는 나는

왜 이렇게 주말에 진심인 걸까?

내가 주말을 4년째 열심히 외치는 이유는 사실 따로 있다. 나에게 주말은 바로 '주체성을 되찾는 시간'이기 때문이다.

우리는 대부분 평일에 루틴화한 하루를 보내며 그 속에서 나만의 자유를 확보한다. 그러나 주말은 출퇴근과 같은 의무에서 벗어난다. 기상 시간부터 내가 만나고 싶은 사람, 듣고 싶은 노래, 누리고 싶은 공간, 먹고 싶은 음식 등 24시간 동안 일어날 모든 일에 대한 주도권이 있다. 즉, 시간의 중심에 내가 서 있다.

일주일 중에 가장 주체적으로 보낼 수 있는 시간이기에 우리는 그토록 주말을 기다리고 설레는 게 아닐까? 내가 더 주도적이고 싶어서 사이드 프로젝트를 시작한 것처럼.

주말은 자유로움과 주체성을 되찾는 시간이라는 점이 나를 사로잡았다. 누구에게도 예외 없는 죽음이라는 문턱, 유한한 삶속에서 우리는 주말마다 무한한 자유를 펼치며 능동적인 인간으로 살고 있다. 이것이 나와 우리 구독자들이 주말에 매료된 이유가 아닐까.

우리의 꿈은 전 세계인들이 주말이라는 시간을 더 주체적이고 즐겁게 쓰는 것이다. 〈주말랭이〉의 시작은 '주말에 어디 가야 할지 찾기 번거로워'라는 마음이었지만, 앞으로는 더 무한한 꿈을 펼쳐보려고 한다. 주말에 어디 갈지 공간을 이야기하는 것을 넘어서서 '주말에 뭐 하지'라는, 시간을 보내는 방법과 이야기를 담아 사람들과 주말을 연결하고 싶다.

이 글을 읽는 독자님은 어떤 주말을 보내고 있나요?

Epilogue
누군가의 용기가 되기를

2023년 2월, 나는 수많은 만류와 걱정을 뒤로한 채 퇴사했고 2024년 현재도 생존 중이다. 얼어붙은 시장 상황이지만 〈주말랭이〉는 1년 만에 흑자 전환을 했고 팀원은 네 명이 되었다. 회사가 성장한 만큼 나도 세상을 배웠다. 어렵고 힘든 시간도 자주 있었지만, 다시 돌아가도 나는 같은 선택을 할 것이다.

사실 이 모든 일들은 모두 우연히 시작되었다. 갑자기 찾아온 번아웃, 대화하다 우연히 정한 '주말랭이' 이름 네 글자, 예상조차 못 했던 퇴사까지. 탄생은 비록 우연이었지만 이제는 나와 떼려야 뗄 수 없는 〈주말랭이〉. 이제는 오래오래 즐거운 주말을 이야기하고 싶다는 꿈이 생겼다.

그때는 맞았고 지금은 틀린 것들이 점점 많아지고 있다. 모든 것이 변하는 예측 불가한 시대 속에서 나만의 길을 찾는 것은 어렵다. 주머니에 열정 하나만 챙기고 가본 적 없는 미지의 곳으로 모험을 떠나는 기분이랄까. 앞길이 뿌옇지만 즐겁고, 두렵지만 설렌다.

정답을 찾으라 말하는 20세기의 교육을 받고 자랐지만, 이제는 정답 없는 세상에서 나만의 해답을 찾아나가야 한다. 정답을 찾으려는 결과 지향적인 내 모습을 버리기로 했다. 미래를 점칠 수 없는 이 여정 속에서 내가 할 수 있는 일은, 눈을 크게 뜨고 귀를 활짝 열고 다양한 우연을 기꺼이 받아들이는 유연한 마음을 준비하는 것이다. 어떤 미래여도 두렵지 않도록 나만의 뿌리와 초심을 잘 간직하자. 그렇게 팀원들과 오늘을 즐겁게 보내면 어느새 또 예측하지 못한 멋지고 새로운 곳에 다다르지 않을까.

나는 박학다식한 사람도, 세상을 뒤흔드는 혁신가도, 몇백 억 매출의 성공을 이룬 사업가도 아니다. 책으로 꼭 전해야 할 엄청난 비결이나 지식도 없다. 그럼에도 불구하고 책을 쓰기로 결심한 것은 모두 각자의 해답을 찾아가는 세상에서 나의 이야기가 누군가에게는 하나의 레퍼런스가 될 수 있지 않을까 하는 용기 덕분이었다.

누구에게나 처음이 있다. 나는 용기가 필요할 때면 성공한 사람들의 시작점을 자주 찾아본다. 백만 구독자 유튜버의 첫 번째 영상, 국민MC 유재석의 신입 시절…. 그들의 식은땀, 떨리는 눈빛, 불안정한 목소리에 처음의 어설픔과 설렘이 고스란히 녹아 있다. 멀게만 느껴졌던 대단한 사람들의 첫 시작을 보고 있으면 '아… 나도 할 수 있을까?'하고 작은 용기의 불씨가 생긴다.

혹시 마음 한구석에 새로운 일을 하고 싶은 욕구가 솟고 있다면, 혹은 번아웃과 이직 등의 커리어 고민으로 밤을 지새고 있다면… 나와 〈주말랭이〉의 이야기가 그런 당신에게 힘이 되면 좋겠다. 이 책에 〈주말랭이〉가 백지 상태부터 지금의 모습까지 이르기까지의 과정을 진솔하게 담았다. 우리의 식은땀과 불완전함이 용기가 되기를 바라며 당신의 새로운 시작을 응원하고 싶다.

이 책을 내기까지, 지금의 내가 있기까지, 수많은 사람들의 응원과 마음이 있었다. 출간을 제안해주신 리드앤두 팀, 나의 진정한 컴포트존 케빈과 우리 가족들. 낮밤을 주말랭이 생각으로 지새우는 공동창업자 메이, 우리 팀원들과 매주 주말을 함께 해주는 6만 구독자 랭랭이들, 내 인생의 터닝포인트를 만들어준 윤소정 스승님, 그리고 언제나 나를 밝게 웃게 하는 친구들까지. 동시대에 함께해주셔서 감사합니다.

주말
랭이

1

부록

뉴스레터 시작을 돕는
Step 3

Step 1
뉴스레터 레퍼런스 분석하기

나도 뉴스레터 한번 해볼까? 마음을 먹어도 막상 시작하려고 하면 막막한 게 당연하다. 무엇을 어디서부터 해야 할지 어려울 때는 우선 기존 뉴스레터를 사용자 입장에서 정리해보자. 일명 레퍼런스 분석! 이 뉴스레터는 어떻게, 왜 만들어졌는지 생각하다보면 어느새 기획 근육이 생기고, 나만의 뉴스레터를 만드는 게 한결 수월해진다.

그렇다면 뉴스레터 레퍼런스 분석은 어떻게 해야 할까? 다음은 〈주말랭이〉 팀에서 실제로 사용하는 템플릿이다. 가이드를 따라 질문에 하나씩 답하다보면 내가 만들고 싶은 뉴스레터의 윤곽이 조금은 뚜렷히 보일지도. 각 질문에는 '정답'이 없다. 정답을 적으려 하지 말고 내가 사용자로서 느끼는 것에 초점을 맞춰 작성해보자.

Q1   **분석하려는 뉴스레터 이름은?**

(평소에 즐겨보는 뉴스레터 혹은 공부해보고 싶은 뉴스레터 등 무엇이든 좋다.)

Q2   **주제는 무엇인가요??**

Q3   **발행 주체는 누구인가요?**

(뉴스레터를 발행하는 사람은 어떤 사람 혹은 단체인지 적어보자. 뉴스레터의 배경을 이해하는 데 도움이 된다.)

Q4   **발행한 지 얼마나 되었나요?**

Q5   **비슷한 주제의 다른 뉴스레터와 어떤 점이 다른가요?**

(눈에 띄는 차이점부터 소소한 차별 포인트까지 생각나는 걸 모두 적어보자.)

Q6 　　　　　　발행 주기와 톤앤매너는 어떠한가요?

Q7 　　　　　　콘텐츠는 어떻게 구성되어 있나요?

Q8 　　　　　　구독자는 어떤 사람들인가요?

(연령대와 관심사, 구독하는 이유 등을 추측해보자.)

Q9 　　　　　　구독자와 소통은 어떻게 하나요?

Q10 　　　　　　뉴스레터에서 유도하는 액션은?

(자체 앱 다운로드, 구매하기, 링크 연결 등 뉴스레터가 유도하는 행위를 적어보자.)

Q11	과거와 어떤 점이 달라졌나요?

(대부분의 뉴스레터는 '모아 보기'를 제공한다. 뉴스레터가 처음 발행되었을 때와 지금의 모습을 비교해보면 새로운 인사이트를 얻을 수 있다.)

Q12	구독자로서 좋은 점과 아쉬운 점은?

▲ Step 1 뉴스레터 레퍼런스 분석하기 템플릿

Step 2
뉴스레터 기획하기

앞서 'Step 1 뉴스레터 레퍼런스 분석하기'에서 즐겨보는 뉴스레터 사례를 정리했다면, 뉴스레터에 대한 전체적인 구조와 기획 아이디어가 어느 정도 생겼을 것이다. 이제 본격적으로 나만의 뉴스레터를 기획해보자. 딴 길로 새지 않고 뉴스레터를 완성할 수 있도록 기획 템플릿을 만들었다. 꼭 필요한 여섯 가지 굵직한 질문으로 구성했으니 하나씩 답을 적어보자. 이때 중요한 점은 완벽하게 하려는 욕심을 버리고 가볍게 생각나는 대로 적는 것이다. 우리에게 지금 필요한 것은 완벽이 아니라 완성이며, 생각과 행동 간의 시간차를 줄이는 게 핵심이다.

Q1 문제는 무엇?	뉴스레터를 왜 보내는지 미리 설정하면 나중에 방향을 잃지 않는다. 평소 내가 생활에서 느끼는 문제점이나 불편함을 서너 개 적어보자.

(ex. 주말랭이 - 직장인은 매주 금요일마다 주말에 무엇을 할지 생각하지만 찾아보기 귀찮아한다.)

Q2 타깃 구독자는 누구?	만 명의 일반 구독자보다 백 명의 열성적인 구독자가 훨씬 오랫동안 진심을 나누며 함께할 수 있다. 내가 만족시키고 싶은 구독자에 대해 정의하자. 구독자의 성별과 나이, 사는 곳과 활동 지역, 라이프스타일과 가치관 등 무엇이든 좋다. 마음껏 상상의 나래를 펼치자.

(ex. 주말랭이 - 경기도에 거주하며 평일엔 열심히 일하고 주말엔 서울, 경기 근교에서 리프레시하고 싶은 4년차 직장인 여성)

Q3 전달하고 싶은 메시지는?	타깃 고객(Q2)이 겪는 불편함과 문제점(Q1)을 해결하려면 무엇을 어떤 메시지로 전달해야 할까?

(ex. 주말랭이 - 주말에 무엇을 할지 찾아보기 귀찮은 사람들을 위해 취향에 맞는 정보를 찾아준다.)

Q4 전달 방식은?	메시지를 '어떤 방식으로' 전하면 좋을지 생각해보자. 조금 어렵다면 비슷한 문제점을 이야기하는 뉴스레터나 채널을 찾아보는 것도 도움이 된다. 기존의 채널에서 해결되지 않는 불편함이나 '이것만큼은 내가 더 잘할 수 있겠어!' 싶은 소소한 부분까지 캐치해보자.

(ex. 주말랭이 에디터 세 명이 각기 다른 취향을 담아 스토리텔링 방식으로 전하기)

Q5 '무드 보드' 만들기	타깃 고객이 뉴스레터를 통해 느꼈으면 하는 분위기나 감성을 보여주는 이미지 레퍼런스를 한 곳에 모아 무드 보드를 만들자. 시각적인 요소를 통해 콘셉트를 보다 구체화하는 데 도움이 될 수 있다.

(ex. 주말랭이 - 금요일의 설렘이 시각적으로 느껴지는 발랄하고 긍정적인 무드)

Q6 최종 목표는?	무엇을 기준으로 내가 뉴스레터를 잘 운영했다고 판단할지 정한다. 6개월 지속하기, 구독자 00명 모으기, 단행본 출간하기 등 무엇이든 좋다. 나만의 작은 목표를 세워보자.

(ex. 주말랭이 - 6개월 안에 구독자 2천 명 달성. 미달성 시 주제 변경 등 피보팅)

▲ Step 2 뉴스레터
기획하기 템플릿

Step 3
AARRR 활용해 뉴스레터 성장하기

뉴스레터의 첫 걸음을 떼었다면 그 다음 할일은 지속적인 성장을 준비하는 것이다. 사이드 프로젝트에 있어서는 '시작이 반이다'라는 말이 통한다고 생각한다. 그러나 시작만큼이나 중요한 것이 '지속성'이다. 어느 정도 궤도에 오르기 전까지 버티고 꾸준히 운영해야 새롭고 값진 기회들이 주어지기 때문이다. 뉴스레터의 지속적 성장을 돕는 'AARRR' 프레임워크를 소개한다.

'AARRR'이란 미국 실리콘밸리 투자회사 '500 startups'의 창립자이자, 스타트업 액셀러레이터인 데이브 맥클루어**Dave McClure**가 제시한 분석 프레임워크로, Acquisition(획득), Activation(활성화), Retention(유지), Referral(추천), Revenue(수익)에서 따온 이름이다. 서비스에 대한 고객의 여정을 5단계로 구분하여 설명한 것인데, 나는 실제로 이를 뉴스레터에 활용해서 유의미한 성과를 거두었다.

1단계. 구독자 모으기(Acquisition)

뉴스레터의 장점이자 단점은 플랫폼에 귀속되지 않는다는 것이다. 유튜브나 인스타그램처럼 어느 한 플랫폼에 휘둘리지 않아 안정적이라는 점이 강점이지만, 그 대신 구독자들이 우연히 알고리즘 파도를 타고 오지 않는다는 취약점이 있다. 말하자면 가만히 있는다고 아무도 구독해주지 않으며, 내 뉴스레터를 알리려면 어느 정도 노력이 필요하다는 것이다. 단, 한번 구독한 사람은 SNS 팔로우 취소하듯 금방 관계를 끊지 않는 편이고, 고객과의 관계성이 타 플랫폼에 비해 굉장히 높다는 강점이 있다. 'Step 2 뉴스레터 기획하기'를 통해 어떤 뉴스레터를 만들지 정했다면, 이젠 내 뉴스레터를 얼마 동안 어떤 방법으로 몇 명의 구독자를 모을지 목표와 구체적인 플랜을 세우자.

2단계. 활성화(Activation)

뉴스레터에 담은 메시지가 구독자에게 잘 전달되고 있는지 계속 점검하는 것이 중요하다. 링크 클릭, 피드백 남기기 등 구독자들이 뉴스레터에서 할 수 있는 주요한 행위들을 설정하고 이에 대한 지표를 점검하며 개선한다. 뉴스레터 지표를 점검할 때 가장 어려운 점은 기준이 없다는 것이다. 예컨대 뉴스레터 평균 클릭 비율이 10%인 경우 이게 높은 수치인지 낮은 수치인지 판단하기 어려울 수 있다. 이럴 땐 뉴스레터 플랫폼 스티비에서 매년 발행하는 뉴스레터 인사이트 리포트를 참고하자. 뉴스레터 규모별 평균 구독자 수와 클릭 수 등 다양한 데이터를 볼 수 있다.

3단계. 유지(Retention)

신규 구독자를 모으는 것만큼이나 중요한 것이 기존 구독자들을 유지하는 것이다. 기존 구독자들과 오랫동안 관계를 유지하기 위해 봐야 할 중요 지표 중 하나가 바로 '오픈율'이다. 어떻게 하면 뉴스레터의 오픈율을 높일 수 있을지 나만의 방법을 궁리하자. 오픈율이 높은 뉴스레터들의 공통점 같은 팁을 스티비 블로그에서 찾아보는 것도 좋다.

Tip 레터에서 퀴즈를 낸 뒤 다음 레터에서 '정답'을 발표하거나 구독자들에게 '사연'을 받고 다음 레터에서 그에 대한 조언이나 팁을 공개하는 방식을 쓰는 레터도 많다. 이처럼 하나의 레터 안에서만 완결성을 갖는 것이 아니라, 매주 발행하는 레터 사이에 연결 고리를 만들어보자. 독자의 궁금증을 유발하면 오픈율을 높이는 데 도움이 된다.

4단계. 수익화(Revenue)

재미로 시작한 뉴스레터라도 오래 지속하려면 수익화 과정이 필요하다. 뉴스레터로 돈 버는 방법은 다양하고 실제로 이를 통해 수익을 창출하는 브랜드가 점점 많아지고 있다. 이에 대해서는 125쪽을 참고하자.

5단계. 추천 및 공유(Referral)

스몰 브랜드가 저비용으로 성장하려면 입소문이 필요하다. 〈주말랭이〉 역시 리퍼럴을 적극 활용해 꾸준히 성장할 수 있었다. 구독자들이 자연스럽게 지인들에게 입소문을 낼 수 있도록 다양한 장치들을 기획하자.

Website
뉴스레터 제작을 돕는 유용한 사이트

기술이 발달하고 콘텐츠 산업의 영역이 넓어지면서 콘텐츠 크리에이터를 돕는 유용한 툴과 서비스들이 많이 생겨났다. 뉴스레터뿐만 아니라 콘텐츠 기획 및 제작 시간을 단축시키는 웹사이트들을 소개한다. 다음 리스트를 북마크에 저장해두면 든든하다.

이미지	remove bg	www.remove.bg	이미지 배경을 지워주는 사이트
이미지	일잘러를 위한 무료 이미지 사이트	brunch.co.kr/@ dodamind/40	무료 이미지를 제공하는 사이트 22 곳을 소개하는 브런치 글
이미지	ezgif	ezgif.com	동영상을 gif 형식으로 만들어주는 사이트
이미지	iloveimg	www.iloveimg.com/ ko	이미지 해상도를 유지하면서 용량만 줄여주는 사이트
디자인, 레퍼런스	Awesome marketing websites	awesomemarketing websites.com	해외 웹사이트 디자인 레퍼런스를 볼 수 있는 곳
레퍼런스	카피의힘	blog.naver.com/ jjong0496	카피라이팅을 모아서 공유하는 블로그
AI	클로드	claude.ai	인간 수준의 이해력과 유창함을 보이는 가장 진보된 언어 모델, 생성형 AI 챗봇
AI	AI판	www.aipan.kr	AI 서비스가 모여 있는 사이트
AI	Lilys	lilys.ai	유튜브 영상, PDF 등을 요약해주는 AI 사이트
소통	패들렛	ko.padlet.com dashboard	익명의 구독자들이 포스트잇 형태의 글을 올리고 공유하는 온라인 게시판
소통	Tally	tally.so	서베이, CX관리 등을 제공하는 쉬운 인터페이스의 툴
트렌드	블링	vling.net	유튜브에서 급상승한 채널과 영상을 모아보는 사이트
기타	mockups	mockups.pixeltrue. com	뉴스레터 목업 이미지를 무료로 만들 수 있는 사이트

기타	아임웹	imweb.me	노코드 홈페이지를 만들 수 있는 툴
기타	xtensio	xtensio.com	페르소나 정리, 케이스 스터디, 경쟁사 분석 등 비즈니스에 필요한 다양한 템플릿을 제공하는 사이트
디자인	calligraphr	www.calligraphr.com/en	손글씨를 폰트로 변형해주는 사이트
디자인	망고보드	www.mangoboard.net/index.do	카드뉴스, 상세페이지 등 디자인 템플릿을 제공하는 툴
글쓰기	픽글	www.pickgeul.com	글쓰기 관련 전자책, 워크북을 판매하는 사이트

▲ website 링크 모음

랭랭이 추천사

주말랭이와 함께하면서 가장 좋았던 건 주말을 넘어서 일상이 변했다는 거예요.
집에만 있던 시간에서 벗어나 약속을 잡는 능동적인 사람이 되었고, '어디 가지?' 라는
고민이 해결되었다는 거! 주말랭이의 알찬 소식 덕분에 늘 행복하다랭. - 인절미

주말에 나를 찾아 떠나는 여행을 시켜줘서 고마워! - 신나라이현이

주말랭이 덕분에 저의 주말과 경험이 다채로워지고 있어요 :) 감사하다랭! - 콩

주말랭이! 금요일마다 널 만나면 일주일의 피로가 풀리고 풀지 않은 선물 상자를 보는 느낌이야♥
두근두근~ 이번엔 어디 갈지 누구와 무엇을 할지, 무얼 먹고 볼지, 인생을 알차고 풍부하게
살게 되는것 같아. 덕분에 항상 행복해! 주말랭이를 알아서 행운이야.
매번 고마워. - 찐토심

매주 주말랭이를 보는데 볼 때마다 새롭고 다채로워요. 다음 금요일이 기다려지는 매직~
주말랭이에 나온 장소만큼은 꼭 가고 싶어요. 앞으로도 기대하겠습니다. - Inn

21년 7월부터 구독한 찐랭이입니다! 초반엔 소소하게 피드백도 남기곤 했어요.
지금은 뉴스레터 분야에서 한자리하고 있는 것 같아서 좋네요ㅎㅎ
나만 알던 인디밴드가 슈퍼스타가 된 그런 기분… 주말랭이 덕에 주말이 심심하지 않습니다.
고마워용 - 지윤

주말랭이 덕분에 제 주말이 더 알차졌어요. 좋은 공간들을 소개해주셔서 제 지도 앱엔
즐겨찾기가 풍성해졌습니다! 늘 좋은 콘텐츠 감사드리며 앞으로도 제 주말 잘 부탁드립니다 ㅎㅎ
- sejin

뻔한 데이트 말고 이색 데이트 코스 검색해서 다녀오는 게 취미예요! 블로그 검색하다가
취향에 딱 맞는 데이트 장소를 발견했는데 주말랭이를 보고 다녀왔다고 하더라고요?
그렇게 주말랭이를 처음 접하게 된 이후로 여태껏 응원하게 됐어요. 누군가의 취향에
딱 들어맞고, 또 어떤 콘텐츠가 있을까를 기대하게 만드는 건 어렵고도 멋진 일 같습니다.
그 어려운 걸 주말랭이가 해냈지만요ㅎㅎ 북토크에서 주말랭이 첫 책에 싸인까지 받았는데,
너무 기쁘고 긴장했던 기억이 나요! 어느덧 새 책이 나온다니, 이건 무조건 축하할 일이죠♥
진심이 느껴져서 애정할 수밖에 없는 주말랭이! 앞으로도 저의 금요일과 함께했으면 좋겠어요.
늘 응원합니다! - 말랑이

주말랭이 덕분에 주말을 좀더 재밌게 알차게 보낼 수 있어서 너무 고마워요! - 꼰지

팍팍한 회사 생활 속에 매주 금요일 주말에 가면 좋을 곳들, 하면 좋을 것들을 추천해주는
주말랭이를 통해 좋은 정보를 많이 접했고, 실제로 가보기도 했어요 :)
힐링할 수 있는 곳을 추천해줘서 감사했습니다. - 숑숑

나만의 주말을 책임지는 '주말랭이' 앞으로도 흥할랭! - **차니**

주말을 알차게 보내야 직성이 풀리는 나에게 한 줄기의 빛과 같았어!
직장인들은 주말만을 기다린다구! 주말의 알차고 재밌던 시간이 평일을 살아가는 힘이 된다구.
우리 모두 주말파워를 느껴보자. 주말랭이와 럭키비키♡ - **슬라둥이**

지독한 집순이이자 직장인이라 주말은 그저 집콕하며 자는 날이었는데 주말랭이를 통해
몰랐던 세상을 발견할 수 있었습니다. 매주 금요일이 기다려지고, 주말랭이를 통해 알게 된 곳에
찾아가기도 하면서 저의 주말이 다채로워졌습니다. 무채색이었던 저의 주말을 알록달록하게
만들어주셔서 감사합니다. 매주 금요일을 기다리고 있어요! - **Sol**

도대체 남들은 주말에 뭐 할까? 궁금했는데, 대신 알아봐주는 '주말랭이'가 있어 좋습니다.
이 좁은 땅덩어리에 할 수 있는 것이 이렇게 많다니! - **라미**

주말랭이는 내 주말을 책임저줄 든든한 (메일) 방문자였어! 나의 메일함에 찾아와준달까.
지루하지않고 다른 레터보다 알찬 정보가 많아서 굳이 경험하지 않아도 시야가 넓어져.
앞으로도 함께해줘! - **지해**

모두의 풍성한 주말을 위해 애써주어 고맙습니다. - **기우**

나의 비어 있던 주말을 알차게 채워줘서 고마워. - **멜랑**

앞으로도 많은 주말을 책임저주세요. - **토끼**

주말랭이가 있어서 매주 주말이 알차게 채워지는 기분입니다. 멋진 브랜드, 멋진 팀이에요.
- **이즈텐**

주말랭이를 만나고 주말이 더 기다려지는 느낌이랄까요!
단조로운 일상에 재밌는 놀거리, 구경거리를 소개해주셔서 감사합니다.
덕분에 제 일상이 촉촉해졌어요. - **송아봉아**

랭랭이여서 행복했고, 앞으로도 더 행복해질 예정입니다. 책이라뇨! 너무 축하드리고 감사해요!
누군가 제게 세상에서 가장 아름답고 무해한 레터가 뭐냐고 묻는다면 주저 없이
주말랭이를 고르겠어요. 주말랭이 덕분에 제 삶이 조금 더 다채로워졌고,
마음을 읽어주는 다정함에 레터 읽다 흐느낀 날도 있고, 제철 행복이란게 이런 거구나,
일상을 다시 바라보는 내면의 힘도 생겼거든요. 고마워요. 거기 있어줘서.
앞으로도 우리 오래오래 함께하기로 약속해요! - **고마워서그래**

항상 기다려져요! - **Journey**

내가 금요일마다 기다리는 주말랭이~ 주말랭이 덕에 가고 싶은 공간이 늘어나며
세상이 넓어지는 기분이다랭 ㅎㅎ 내 세계를 키워주는 주말랭이 고마워 사랑해! - **좌**

주말랭이 덕분에 주말이 더 기다려져요!
앞으로도 새롭고 신기하고 알찬 소식 부탁드려요~! - Tn

금요일이 기다려지는 이유는 바로 메일함에 주말랭이 레터가 오기 때문이죠!
특히 경험상점, 너무너무 기대되고 매진되진 않았을까 걱정 반,
이번엔 또 어떤 경험이 날 기다리고 있을지 기대 반의 감정이 교차합니다.
주말랭이야 우리 앞으로도 오래오래 함께하자! - 김동현

서울 외 지역에 살아서 주말랭이가 추천하는 모든 행사, 이벤트에 참여하진 못하지만
신기하고 재미난 소식들을 계속 알려줘서 꾸준히 구독하고 있어.
항상 좋은 소식들을 알려줘서 고마워! - 민정

나는 알게 된 지 얼마 안 됐지만, 주말랭이 덕분에 주말이 활기차진 것 같아서 좋아.
앞으로도 잘 부탁해! - 더구

어느 날 문득 다가온 주말랭이… 원래도 나가서 노는 걸 좋아하는 밖순이인데
덕분에 더 좋아져버렸다랭~ 지금처럼 전국 곳곳 좋은 곳 많이 알려주면서 행복한 삶을 살고
나도 같이 행복한 삶을 살고싶어요요~~ - 리디아

주말랭이 덕에 회사의 금요일 아침을 잘 시작하고 있어! 덕분에 데이트 코스도 다채로워지고
행복해용. 함께한 시간에 0이 여러 개 붙을 때까지 같이하고 싶어요! - 띠오이

주말랭이 덕분에 더 주말이 기다려져요 ㅜㅜ
남자친구랑 데이트할 때도 가장 먼저 찾아보게 되는...♥ - 엔니

한 주의 피곤으로 늘어져 있고만 싶은 나에게, 주말도 보람차게 보내는 힘과
움직여보고 싶은 의욕을 주는 주말랭이 :) - 댕이

랭랭 안녕! 187번의 주말을 함께해서 행복했다랭! 좋은 곳 많이 알려줘서
소중한 추억을 쌓을 수 있어랭 고마워 앞으로도 오래오래 보자구우. - 디

주말랭이 뉴스레터를 읽는 게 금요일 아침 루틴이 되었어요.
덕분에 주말에 하고 싶은 것들이 생겼어요. - 크누그누

나름 초창기부터 구독한 랭랭이라 지금의 주말랭이가 너무 멋지고 신기해요.
만난 적 없지만 묘하게 친근감이 느껴져서, 가끔은 금요일마다 받는 메일이
꼭 친구에게 온 메시지 같은 느낌도 들어요. 나한테만 얘기해주는 느낌이랄까.
그래서 더 재밌고 특별했던 거 같아요! 주변에 추천하면서 괜시리 내가 다 뿌듯하답니다.
앞으로 상상할 수 없을 만큼 더 성장했으면 좋겠어요! - 제로민

쭉쭉 성장하고 있는 주말랭이를 바라보는 찐랭이는 매주 금요일마다 뿌듯해.
이런 식으로 기획한다고? 이렇게나 인지도가 높아졌다고?
나만 알던 뉴스레터를 너도 나도 알게 돼서 자랑스러워♥ - 오수빈

우리가 만난 지 벌써 187주째라구??! WOW 주말랭이 초기부터 봐왔는데
콘텐츠와 구성이 점점 옹골차지는 것이 눈에 보여서 내가 더 뿌듯하고 고마워.
덕분에 지도 즐겨찾기가 터져나가고 있지만 어느 지역에 가든 주말랭이의 흔적이 보여서
어디서든 연결되어 있는 기분이야. 덕분에 내 관심 분야도 넓어지고
천상 집순이가 가보고 싶은 곳도 많아져 모험심이 높아졌어! 늘 고마워! - 원투쓰리

187번의 주말을 넘어서도 여전히 우리를 반짝이게 하는 주말랭이에게 감사의 말을 전하고 싶어.
네가 주말의 숨은 보물들을 찾아주고, 우리에게 새로운 경험과 사랑을 선물해준다는 것을 알아.
네가 전하는 이야기들은 우리의 주말을 더 특별하게 만들어줘. 주말랭이가 좋은 이유는
단순히 뉴스레터 때문만은 아니야. 너의 열정과 애정이 그 안에 가득하게 담겨 있기 때문이야.
네가 매주 우리에게 주는 작은 축복들이 우리 삶을 더 풍요롭게 만들어줘. 네가 계속해서
빛을 발하고, 네가 만들어낸 따뜻함이 끝없이 퍼져나가기를 바랄게. 주말랭이야,
너의 여정을 응원하고, 네가 만들어가는 세상에 함께하고 싶어. 항상 고마워.
함께하는 주말, 그리고 함께하는 미래를 기대하며. - 정소영

지금까지 멈추지 않고 꾸준하게 주말랭이를 운영해줘서 고마워!!
나도 어떤 일이든 포기하지 않고 나아갈게! 앞으로도 함께하자~~ - 숙

안녕~! 매주 금요일마다 주말랭이의 편지를 기다리고 있어.
하루하루를 소중히 여기며, 우리 같이! 삶을 여행처럼 즐겁게 신나게 계속해나가자!
주말랭이라는 존재가 있어 귀하고 감사해:) - 장겨울

작은 레터 시절부터 구독해서 오프라인 모임에도 참석하고, 장소 추천도 하곤 했는데
이렇게 성장한 걸 보면 같이 커가는 소꿉친구 같아요. 우리 평일에는 열심히 살고,
주말에는 원 없이 좋아하는 일 하자. 항상 응원하고 축하해. - 수민

주말랭이 덕에 혼자 여행하는 재미를 깨우쳤고, '이번 금요일엔 어떤 주제로 돌아올까?' 하는
기대감을 갖고 한 주를 보내게 되었어요! 앞으로도 제 주말을 책임져주세요♥ - 미곰

어쩌면 나 대신 찾아줘서 편한, 어쩌면 찾아가게 할 용기 한 스푼을, 어쩌면 나의 추억이 될
예정표일지도 몰라. 그렇게 저에게 주말랭이가 스며들었습니다. 늘 감사합니다. - 박하차

주말랭이 덕분에 주말이 알차다랭!
집순이도 밖으로 나가고 싶게 꺼내주는 주말랭이 짱이다랭~ - 셔니

주말에 고민 없이 뭘 해야 할지 알려줘서 고마워:) 엄선해서 올려준 하나하나 너무 좋아!
평생 함께가자!^_^ - 미아

어느새 사회인이 된 지 1n년차.. 매너리즘에 빠져서 주말에도 집에서 쉬기만 하던 나에게
주말랭이는 알잘딱깔센 정보만 추려서 알려주더라구! 덕분에 새로운 취미도 찾게 되고
주말에 뭘 할지 선택지를 늘려준 1등 공신이야! 앞으로도 주말랭이를 애정하고 응원하는
랭랭이가 될 거랭! - 혜령

사실 첫 시작은 뉴스레터를 구독하면 뭔가 되는 것처럼 주말쟁이를 첫 구독하게 되었는데 이렇게 성장하며 커간다니 뿌듯하고만..^^ 나에게 주말랭이란 아침 메일함을 열면 "꺄아~ 드뎌 금요일이야~" 하면서 싱글벙글 내적 샤우팅을 지르며 행복하게 그날 내용을 보며 할 일도 내 뒤에 있는 팀장님도 잊고 벌써 퇴근한 기분으로 만들어주는 마법을 부리는 존재랄까? 나의 금요일을 행복하게 열어줘서 고마워. 앞으로도 고맙다고 미리 말할게. 그리고 계속 부탁할게. 그러니 건강하게 아프지 말고 우리 함께하는 거다. 약속하는 거다. **- 빠이다**

여유 시간을 어떻게 보내면 좋을지 항상 고민해왔는데, 주말랭이 덕분에 많은 경험을 뉴스레터로 접할 수 있어서 너무 즐겁고 행복합니다. **- 이정원**

금요일 아침에 주말랭이 레터를 받으면 다가오는 주말이 훨씬 기대돼요. **- 정예림**

주말랭이 덕분에 나의 주말이 간직하고 싶은 추억으로 가득 채워졌어. 너무 고맙고 사랑해!
- 우정

주말랭이를 좋아하는 이유는 금요일이 기다려지기 때문이죠! 핸드폰 속 작은 화면에 얼마나 알찬 정보가 가득한지.. 좋은 정보를 공유하고픈 에디터들의 노력과 진심이 매번 느껴져서 한 글자도 놓치지 않고 열심히 읽게 된다랭♥ 덕분에 내가 사는 서울, 한국에 이렇게 다양하고 재미난 행사가 가득하다는 것에 감탄하게 되고 또 애정도 퐁퐁 샘솟고 있는 요즘이다랭! **- 주주**

주말랭이 보면서 뭐하지? 상상하면서 설레게 되더라~ 고마워♥ 우리 계속 만나자~ **- 도레미**

쳇바퀴 돌아가듯 반복되는 일상 속에서 보물찾기를 할 수 있도록 매주 새로운 지도를 건네주는 주말랭이. 덕분에 오늘도 주말을 기다리며 열심히 달려가고 있어. 정말 고마워! **- 매그**

취향을 발견하는 느낌! 주말에 뭐 할까 더 이상 고민하지 않아도 좋아요. **- 탱탱**

매번 내 주말을 알차게 채워주는 주말랭이! 덕분에 다양한 경험을 통해 성장하게 되었어요. 정말 감사해요! 언제나 지금처럼 친근하게, 어디서도 듣지 못하는 다양한 꿀정보 알려주시면 좋겠어요! **- 갱아지**

주말이 시작되는 금요일 아침, 눈 뜨면 루틴처럼 주말랭이의 레터를 읽어요. 이번 주말엔 어디를 가볼까, 아니 가보지 못해도 이번엔 또 어느 따뜻한 곳을 알게 될까, 설레는 마음으로요. 이렇게 멋진 주말랭이를 만드는 데엔 수많은 땀과 눈물이 있었겠지요? 절대 헤아릴 수 없는 그 마음을 생각해보며 오늘도 감사한 마음으로 레터를 읽습니다. 주말랭이, 고마워요! **- 공유진**

집순이였던 나에게 밖에서 이렇게 즐길거리가 많다는 걸 알게 해준 주말랭이 최고! **- 송이**

매 주말 랭이가 되는 기분 ~_~ **- 따이호**

친구의 반가운 연락을 기다리는 느낌, 주말랭이 특유의 문체로 받는 소식들이 너무 다정하게 느껴지고 좋아요. 뉴스레터로 시작해서 책도 구매하고, 블로그에 쓸 하나의 즐거운 일기가 되어주기도 하고.. 우리 주말랭이 팀 우리에게 즐거운 주말 소식을 전해준다는 사명감이 부담되지 않았으면 좋겠어요~ 즐겁게 일해주세요♡ **- 잰**

주말에 뭐 할지 나 대신 고민하고 알려줘서 고마워! **- 그니근이**

요즘 이슈에 대해 잘 모르는데 아침 일찍 제일 먼저 메일을 보내 저의 사고력을 깨워주는 주말랭이. 나 너 좋아하냐. **- 도희**

주말랭이를 구독하면서 금요일이 즐거운 이유가 하나 더 늘었어. 소개해준 곳 중에 실제로 갔던 곳도 있고 언젠가 꼭 가야지! 하면서 메모장에 옮겨 적은 곳도 있는데 가고 싶은 장소가 하나 더 생기는 것만으로도 지친 일상에 활력이 되는 것 같아. 그러니까 내가 하고싶은 말은... 고맙다랭!ㅎㅎ **- 꿈돼**

고된 한 주를 보내고 집에서 마냥 쉬고 싶다가도 주말랭이에서 온 레터를 보면 괜히 한번 나가보고 싶고, 괜히 한번 경험해보고 싶고 그래요. 나도 몰랐던 나의 관심사, 나의 취미, 나의 힐링을 찾아주는 주말랭이. 앞으로도 응원합니다! **- 즐거움**

금요일 아침마다 출근길에 주말랭이 메일을 받으면 기분이 좋아져요. 주중을 잘 마무리하며 즐거운 주말을 맞이하는 기분을 훨씬 더 크게, 감사하게 느낄 수 있도록 도와주는 것 같아요! 그리고 덕분에 문화인이 되어가는 느낌! 조금 더 넓게 세상을 즐길 수 있게 만들어주는 금요일의 낙입니다ㅎㅎ **- 찐찐자라**

주말랭이의 여정이 나에게 주말과 쉼의 힌트가 되었어. 나와 함께해줘서 고마워! **- 지니랭랭**

주말을 도화지 삼아 여러 빛깔로 칠하게 해준 주말랭이 앞으로도 잘 부탁한다랭 :) **- 낭만두콩**

삭막한 회사 생활에 작은 이벤트였던 주말랭이… 내 놀이 생활을 다양하게 넓혀줘서 고마워! **- 지수**

덕분에 주말이 너무 풍성해졌어! 정말이야! 어디 갈지 뭐 할지 고민될 때는 모아둔 주말랭이 레터를 습관처럼 보게 된다구! 평소 여행지로 잘 가보지 못하는 곳도 가보고 덕분에 우리나라 구석구석 다니고 있어^^ 그동안 이렇게 성장하다니 너무 고맙다 랭이!! **- 마랭이**

힐링하고 싶은데 지쳐서 검색조차 하기 싫을 때, 주말랭이 뉴스레터 읽기만 해도 환기되는 기분! 이벤트 당첨되어 연극 보고 온 기쁨을 모두에게 알리고 있어요ㅎㅎ 앞으로도 주말 잘 부탁해요~! **- ㅎ人ㅎ**

구독하는 뉴스레터만 20개가 넘는데 주변에 추천까지 한 건 주말랭이가 유일해! 무색무취였던 주말을 다양한 볼거리 먹어볼거리 즐길거리 등 풍성한 색채로 만들어줘서 너무 좋아. 주말랭이 앞으로 80년 동안 함께해. **- 천스스**

주말랭이 킵고잉!! - **용아**

보는 것만으로도 내 세상을 넓혀줘서 고마워!
나도 누군가의 세상을 넓혀주는 사람이 되기 위해 노력할게! - **유자**

주말랭이 덕분에 주말에 할 것들, 볼 것들, 갈 곳들이 넘쳐나서 너무너무 좋아! 이런 정보를
알아 오는 것도 힘들 텐데 항상 고맙고 우리 계속 함께해♥ 주말랭이 사랑해! - **배베리**

덕분에 금요일이 기다려지고 데이트 코스 짤 때 너무 많이 도움돼요! 트렌드 파악은 덤! - **와당**

주말에 매일 똑같은 데만 가고 똑같은 루틴으로만 놀았는데 주말랭이 덕분에 다양한 경험을
할 수 있어서 좋아요! - **11**

주말랭이가 성장하는 모습을 직간접적으로 보면서 계속 발전하는 모습을 항상 응원하고 있어요!
오래오래 주말랭이 해주세요! 덕분에 주말이 풍요로워졌어요! - **황혜영**

어딘가 있음 직했지만 없었던, 누군가 함 직했지만 안 했던 그 일들을 시도하고 진행한 덕에
주말이 즐겁다랭~ 축하하고 고맙다랭~ - **이브릴**

찐 집순이는 메일만 봐도 놀라운 것처럼 대리만족합니다. 핀 고정, 즐겨찾기, 캡처만 늘어가지만
덕분에 밖에서 하고 싶은 게 생기나요. - **수수수**

싸왓디카! 저는 태국 방콕에서 살고 있는 문트리예요. 주말랭이는 아주 초창기부터 구독하며
늘 지켜보고 멀리서 응원하고 있답니다. 매주 금요일 아침 출근길에 주말랭이 레터를 읽어요.
'와! 주말이 왔군'을 만끽하면서 말이죠. 만약 제가 한국에 살았다면 주말 계획을 세우는 데
주말랭이의 정보가 많이 도움이 될 것 같아요. 특히 최근에 생긴 좋은 곳들을 자세히
소개해주셔서 태국에서도 한국의 트렌드를 놓치지 않는 데 많은 도움을 받고 있답니다.
종종 태국 친구들이 한국에 갈 곳을 소개해달라고 하면 저장해둔 주말랭이 레터를
슬쩍 꺼내보기도 하고요. 앞으로도 오래오래 지치지 않고 함께해주세요!
언젠가 주말랭이 방콕편도 만날 수 있기를 바랍니다. 늘 고맙습니다!! - **moontree**

매주 금요일 주말랭이가 또 어떤 재밌는 소식을 전해줄까 싶어 얼마나 설레는지ㅎㅎ
주말랭이 덕분에 나의 주말이 풍성해졌어. 고마워! - **셰니**

주말에 놀러가지 않아도 놀러간 기분을 느끼게 해줘서 주말랭이를 사랑해요♥ - **게라쿠스**

매 주말을 책임지는 주말랭이! 이제는 없으면 허전합니다. - **이새별**

주말이 그냥 스쳐 지나가는 시간이 아님을 알게 해줘서 고마워. 나이가 점점 들면서
주말이 돌아오는 주기가 짧아진다 느끼고, 그래서 때론 의미 없다고 느낄 때도 많았거든.
지금의 내가 직장인이라서 주말이 소중하고 특별한 것도 있지만, 주말이란 이유만으로
나를 더 돌보고, 특별한 장소도 가보며 특별한 일들로 채워갈 수 있게 된 거 같아. - **영롱**

인생의 터닝포인트가 필요해 직장 생활은 이제 그만해야겠다고 생각하던 찰나,
습관처럼 줄줄이 받아보던 뉴스레터 사이에서 문득 주말랭이가 눈에 띄었습니다.
회사 일만 생각하다가 내가 좋아하는 일을 생각해보니 딱히 떠오르는 게 없어 주말랭이에서
제안하는 곳을 놀러도 가보고, 경험상점 오픈 소식을 들으면서 마음속에 경쾌한 스파크가
일어남을 느꼈죠. 덕분에 나를 찾아가는 여정이 다채로워졌습니다. 언제가 될지 모르겠지만
제가 애정을 듬뿍 담아 만든 브랜드가 주말랭이를 통해 소개되는 날이 오기를 기대하면서…
오래오래 함께해주세요!! - **무늬만 백수**

주말랭이 덕분에 주말 일정이 빡빡해져서 너무 행복해요~! - **인하84**

당신이 어디에 있든, 그곳에서 아름다운 순간을 발견하고 소중한 사람들과 함께 특별한 추억을
만들어가길 바랍니다. 매일이 새로운 시작이고, 당신의 여정이 따뜻한 행복으로 가득하기를
진심으로 응원합니다. - **집탈출**

매주 찾아오는 주말랭이는 마치 오래된 친구 같아요. 따뜻하고 친근한 목소리에
마음이 편안해지고, 유쾌한 이야기들에 웃음이 번지곤 해요. 언제나 바쁜 일상 속에서
주말의 소소한 행복을 선물해주는 주말랭이, 고마워요! - **하이와이맨**

주말랭이 덕에 삶이 더욱 풍족해지는 것을 느끼고 있다랭~ 특히 주말랭이에서만 접할 수 있는
스팟을 알게 될 때 너무 좋다랭~ - **해달**

주말랭이 덕에 항상 금요일이 기다려져요! 저는 주말 외의 평일이 기다려지는 삶을 만들기 위해
평일에 방영하는 드라마를 본다든지 하는 장치를 마련하는데요, 주말랭이는 그 중 금요일을
담당해주고 있어요! 흥미로운 주말 정보를 알려주는 건 당연하고! 주말랭이가 콘텐츠 자체로서
금요일을 풍성하고 행복하게 만들어주고 있다는 사실, 꼭 알려주고 싶었답니다~
주말랭이가 추천해준 것들의 기록이 저의 주말을 넘어서 삶을 풍성하게 만들어주고 있어요.
오래오래 함께해줘요 주말랭이! - **goodju**

주말이 올 때마다 어딜 놀러 갈까 고민했던 제게 한 줄기 빛! 메일 오는 날만 기다려요~ - **밍키네**

주말랭이야! 나는 너가 너무 좋아! 나의 쉬는 날을 책임져줘서 무지무지 고마워~ - **컴쟁이**

주말이라는 귀하디귀한 흰쌀밥에 상상만 해도 입맛을 확 돋우는 새빨간 무말랭이.
주말랭이는 빈 도화지 같은 주말에 슥슥 야무지게 비벼 먹고 싶은 존재다랭♥ - **흄**

주말랭이 덕분에 매주 금요일 아침 출근 시간이 기다려져요:D 이번 주에는 어떤 재미있는
소식이 있을까 주말에 어딜 갈까 고민하게 되고! 솔직히 다른 뉴스레터들도 구독하고 있지만
지우지 않고 모아두며 나중에 검색하며 보는 뉴스레터는 주말랭이가 유일합니다! - **해피양:D**

주말을 정말 알차게 보내고 싶기도 하고 푹 쉬고 싶기도 한데 어떻게 해야 할지 몰라 방황하던
제게 길을 하나씩 열어준 주말랭이, 너무 고마워요. - **슈스**

늘 집순이였던 나에게, 집 밖으로 나갈 이유를 만들어준 주말랭이 너무 고마워! - **해니**

주말랭이는 주말을 시작하기 전에 꼭 보는 레터가 되었달까! 같은 팀원의 추천으로 구독하게 됐는데 너무 알차서 꼭 챙겨보고 있어. 앞으로도 지금처럼 알찬 소식 가득한 주말랭이가 되길 바랄게. - **츌츌이**

무수히 많은 정보가 쏟아지는 요즘은 더더욱 어딜 눌러갈지 고르기도 고민되고 매일 비슷한 데이트 코스에 지루함을 느꼈는데 새롭고 특별한 장소를 알 수 있어서 좋은 거 같아요! 우연히 주말랭이를 알게 되었고 첫 구독을 해서 첫 메일을 받아봤는데 구독하길 잘했단 생각이 드네요!! 어떻게 이런 장소를 아는 건가요!! - **올보웨이드**

주말랭이 덕분에 템플스테이도 할인받아 다녀오고, 유니크한 소품샵도 다녀올 수 있어 좋았랭!
- **허쫭**

초기부터 열심히 보며 응원하고 직접 찾아가보기도 했던 주말랭이. 쭉쭉 함께하겠습니다~
- **나디아**

처음엔 놀러가기 좋은 곳을 빠르게 알고 싶다는 마음으로 뉴스레터를 구독했는데, 날이 지날수록 다양한 인사이트를 얻을 수 있도록 성장하는 게 눈에 보여서 저까지 뿌듯해요! - **아가이우**

주말랭이를 알기 전과 후 제 주말의 모습이 너무 달라요! 주말에 무기력하게 침대에 누워 있기만 했는데 밖으로 나가서 바람도 쐬고 새로운 시도도 해보고 일상에 활기가 생겼어요! 모든 사람들의 주말을 응원할랭! 고마워요 주말랭이. - **토피넛**

재미있고 의미 있는 주말을 책임지는 주말랭이! 화이팅!! - **wisekate**

항상 내 주말을 책임져줘서 고마워! - **키코**

주말을 재미있게 보내고 싶지만 어디를 갈지 찾아보는 것이 귀찮은 나에게 축제, 맛집, 액티비티 등 가고 싶은 다양한 정보를 주는 주말랭이 매주 금요일마다 주말을 즐겁게 보낼 수 있게 레터를 보내줘서 고맙다랭. - **노는게 제일 좋아**

매주 금요일 아침 출근하면서 주말랭이를 보고 있어요! 금요일이라는 사실에 한 번, 주말랭이의 따뜻한 레터에 한 번 기분이 좋아지는 하루입니다. 이번 주말에는 무엇을 할지, 어디 갈지, 어떻게 알차게 보낼지 고민하면서 많은 정보, 유익한 정보 얻고 있어요. 항상 감사하고 앞으로 더 더 오랫동안 보고 싶습니다♥ - **비랭**

내 주말을 책임지는 주말랭이! 없어선 안 될 존재, 앞으로도 꾸준하게 오래 보고 싶은 내 친구!
- **건우**

주말랭이의 여정이 책으로 탄생한 것을 진심으로 축하드립니다. 187번째 발행되는 동안의 여정이 이제 한 권의 책으로 우리 곁에 남게 된다니 저도 정말 기쁩니다. 이 책이 많은 이들의 마음에 울림을 주고, 주말랭이의 또 다른 새로운 시작의 발판이 되길 진심으로 응원합니다. 주말랭이가 앞으로도 끊임없이 성장하여 더 큰 감동을 전할 수 있기를 바랍니다! - **그루쟘**

주말에 뭘 할지 고민스러울 때 인스타나 블로그를 보면 광고 일색이라 피로감이 먼저 들었어요. 그러다 알게 된 주말랭이! 주말랭이를 통해 다양한 문화생활을 압축해서 살펴볼 수 있어 좋습니다. 한 주를 마무리하고 주말이 시작되는 금요일에 뉴스레터 알림이 오면 기대부터 돼요. 이번 주엔 어떤 매력적인 장소를 추천해줄지! 좋은 사람과 행복한 시간을 보낼 수 있게 도와주는 주말랭이 고맙습니다. 더불어, 수도권뿐만 아니라 다양한 지역의 명소도 추천해주어 배려심이 느껴집니다. - 만주

2년 전, 지겨운 회사 생활에 지쳐 번아웃이 왔을 때 우연히 주말랭이를 알게 되었어요! 주말랭이에 소개된 장소를 조금씩 찾아가보면서 마음을 정돈하기도 했고 행복을 찾기도 했어요! 회사 메일함에 꽂히는 주밀랭이는 수많은 업무 메일 가운데 피어난 행복의 꽃 같았답니다 :) 저에게 행복 찾는 법을 알려준 주말랭이가 더욱 성장했으면 합니다! 응원합니다~
- 서동욱(연필)

주말에 고민이라면 주말랭이 구독하랭! 쏟아지는 취향저격 정보로 주말을 알차게 보내랭-!
- 복동랭

덕분에 지친 금요일에 주말의 여유를 미리 누릴 수 있어요. 나의 금요병 치료제! - 쑤쑤

주말랭이 한 번도 거르지 않고 읽어서 어느새 찐랭이라고 가끔 시크릿 메일 받을 때 뿌듯해요.
- 멍글

주말랭이 덕분에 가족들과의 시간이 늘었어!! 뉴스레터를 보고 이번 주말에 여기 가볼까? 하며 이야기도 많이 하고, 직접 경험하며 시간도 많이 보내고 있어~ 이런 시간을 만들어준 주말랭이 너무 고마워. **- s**

사랭행. **- 노룡이**

여행을 하지 않는 마법사라는 말을 좋아합니다. 지방에서 다른 곳으로 못 가고 있는데, 간접 체험을 하는 것 같아서 너무 좋아요! **- 풍객사**

항상 정성 가득한 레터 보내줘서 고마워! 덕분에 많은 인사이트를 얻고 힐링도 한다구~! 우리 오래오래 보자! 사랑해 주말랭이. **- 히카리**

랭랭이들의 쉼을 위해 쉬지 않는 지속의 아이콘 주말랭이 응원해요! **- 부뚜뚜**

내 안에 숨겨진 세포를 살아나게 하는 주말랭이는, 언제든 받을 수 있는 행복 편지예요.
- 겨울을 사랑하는

쏟아지는 정보 속에서 꿀정보만 쏙쏙 골라주는 주말랭이! 사랑해. **- 가영**

매주 다양한 분야의 정보를 보기 좋게 정리해서 선물 받는 기분이 들어요. 그래서 주말랭이의 정성 가득한 레터를 항상 기대해요!! **- 윤파루파**

지친 금요일도 다가오는 주말에 두근대는 금요일도 항상 아침마다 주말랭이 알림을 보고 '그래도 조금만 더 힘내자', '오 저기도 가볼까?'하며 환기할 수 있어요. 주말랭이 제작자분들이 저를 비롯해 많은 분들에게 다른 날에 대한 활력을 불어준다는 걸 말하고 싶습니다! 늘 감사해요.
- 침대옆버스

정보가 넘쳐나는 시대에 나의 작고 소중한 주말을 책임지는 주말랭이. 나만 알고 싶지만 또 다 알았으면 좋겠어. **- 카일리**

주말랭이는 항상 행복한 소식을 전해주는 친구 같은 존재입니다. 평생 함께할 수 있는 친구가 되었으면 좋겠습니다. **- 케빈**

불금이 기다려지는 이유가 된 주말랭이의 셀렉션. **- 염지연**

직장인일 때도, 백수일 때도 변함없이 매주 금요일마다 메일함을 꼭꼭 열어보게 하는 뉴스레터가 되어줘서 고마워요 :) **- 미디**

구독하는 20여 개의 뉴스레터 중에 놓치지 않고 꼭 챙겨보는 뉴스레터가 있다면 주말랭이! 주말랭이의 포근한 무드가 너무 좋아서 읽는 순간순간이 정말 즐겁다랭. 러닝 크루, 특별한 티 코스 등 내가 몰랐던 세계들을 알아가는 재미도 있다랭. **- 은서**

삶이 무기력할 때, 변화를 위해서 검색하고 찾기도 귀찮고 힘들 때, 매주 찾아오는 주말랭이를 보며 그 귀찮음을 덜기도 했고, 실제로 추천받은 곳을 가면서 무력감을 극복할 수 있었어. 책이 나온다고 하니 더 많은 사람들에게 도움이 될 것 같아서 기쁘다. 고마워! **- 싱클레어**

금요일이 기다려지는 우렁이 신랑 같은 존재! **- kimi**

주말랭이는 내 인생에 지대한 영향을 끼쳤다. 내가 경험할 수 있는 선택의 폭을 넓히고 취향을 다양하게 해주었고, 새로운 것에 대한 호기심을 갖게 만들어주었다. **- 연준**

활동적인 성격이라 주말에 항상 어딘가로 놀러가는 걸 좋아하는데 주말랭이 덕분에 다양한 콘텐츠들을 알게 되어서 정말 행복합니다! 특히 한적한 공간들에 대해 알려줄 때 너무 좋아요! 제가 가장 좋아하는 스트레스 해소법이 한적한 곳에서 책 읽기인데 주말랭이 덕분에 그런 장소들을 많이 알게 되었어요. 앞으로도 매주 챙겨볼게요! 감사해요~ **- 낭만 달춘**

주말의 색다른 즐거움을 선물주어 너무 고마워! 계속 함께하자! **- 부러우면 지능거랭**

고구마 말랭이, 감 말랭이보다 더 달콤하고 든든한 주말랭이야, 네 덕분에 주말에 누워만 있던 내가 집 밖으로 나가게 되었어! **- 은공**

주말랭이 초창기부터 꾸준히 읽고 있는데 내 금요일의 행복레터야. 앞으로도 쭉 잘 부탁해! **- 디디**

주말랭이 덕분에 주말을 알차게 보낼 수 있어서 좋아요. 죽을 때까지 함께해요 ♡♥ **- 탁영미**

인턴 생활 적응하느라 만성피로에 천근만근 지친 어깨로 터벅터벅 출근하는데 주말랭이
덕분에 금요일을 행복하고 신나게 보낼 수 있어서 다행이야! 한 주 한 주 뉴스레터를 읽고
있으면 언제나 시간 순삭. 다른 친구들한테도 좋은 정보를 알려주면서 도움이 됐을 땐
내 맘이 따수워지는 기분.. 언제나 우리곁에 주말을 지키는 레터로 남아주기 약속,, - 잉잉

주말랭이가 키운 뉴스레터 <요정도사전> 발행인 벤쟈입니다. 사이더를 통해 몽자님의
주말랭이 강의를 듣고 용기 내 뉴스레터를 시작하게 됐죠. 주말랭이가 뉴스레터에서
책으로 경험상점으로 꾸준히 성장하는 모습이 너무 멋집니다. 좋은 롤모델이 되고 있어요.
오래오래 함께 달려요. - 벤쟈

주중 내내 휴식하고 싶었던 마음을 꾹 눌러 담아서, 금요일 오전 딱 한 잔의 주말을 마십니다.
- 맘채

활동적인 것을 좋아하지만 정보력이 부족한 저를 위해 매주 좋은 정보를 제공해주셔서 감사해용.
- 제제

주말랭이는 단순히 콘텐츠를 추천하는 것 이상으로, 사람들이 주말을 행복하게 보냈으면 하는
진심 어린 마음이 느껴져서 자연스럽게 관심을 갖게 되는 것 같아요! - 봉봉

주말만 기다리는 직장인 내게 주말랭이는 오아시스 같아! "이번 주말엔 뭐 하지?" 하면서
설레는 마음으로 뉴스레터를 열어보곤 해. 괜찮은 정보가 있으면 친구들한테 공유하기도 하고
같이 가볼 만한 곳도 찾아봐. 뉴스레터 만드는 게 정말 힘들 텐데, 내 짧은 응원이 조금이나마
응원이 됐으면 좋겠다 :) - 랭친구

항상 나의 취미 생활을 값지게 만들어줘서 고마워요! 세상에 정보가 너무 많아 주워담지 못하던
나에게 딱 취향 저격 코스로 제공해주니 그야말로 감동적>< - 지니랑153

주말만 기다리며 사는 직장인 랭랭이들에게 소중한 주말을 가치 있게 보내게 해줘서 무척
고맙다랭!! 주말에 떠나고 싶을 때면 주말랭이에서 어디로 갈지 찾는 게 습관이 되어 신기하다랭.
❀.(*´ ∪ `*)❀ - 은쥬말랭

부부 관계와 가족을 무척 중요하게 여기는 사람입니다. 가족들과 즐거운 시간들을 보내고는
싶지만 밀린 업무와 일정들로 이런 시간을 만들고 준비하기 참 어려운데요. 주말랭이는
이런 고민을 줄여주는 멋진 선물입니다 :) 22년 3월부터 구독중인데 덕분에 주말마다
멋진 이야기들을 나누고 경험하고 있어요. (파주 일산 지역 이야기 더 많이 들려주세요 ㅎㅎ)
- 행복한남편

내 맘을 콩당콩당 만들게 했던 주말랭이의 여행 베셀 책 『여기 가려고 주말을 기다렸어』
세상에 없던 새롭고 신선한 여행 기준을 제시해준것도 모자라 몽자의 주말랭이 성장기도
나온다니 너무너무 반가워. 일상에서 도망가지 못하는 랭이들에게 아무도 가보지 않은 길을
만들어가는 숨겨진 얘기를 들려준다면 큰 힘이 되리라 확신해. 퍼스트 무버인 몽자와
주말랭을 응원하고 애정해. - 반센트

이곳저곳 찾아다니는 걸 좋아하는데, 알지 못했던 곳들을 공유해주셔서 감사합니다 :)
덕분에 친구들, 가족들이랑 좋은 곳 실컷 다니면서 힐링해요~>_< **- 규링**

우리 부부가 너무나도 좋아하는 주말랭이! 몽자님의 에세이가 나온다니, 이거 너무 기대된다랭!
몽자님 부부와 함께 떠들어야 되는데, 이제 너무 유명해져서 힘들어지는 거 아닌가 몰라~ **- 강동**

주말랭이! 매주 주말을 책임져줘서 너무 고마워! 지난 4년 동안 진짜 고생 많았어 앞으로도
잘 부탁해! **- 정민지**

금요일이 기다려지는 이유는 주말랭이를 보고 주말에 어떤 영감을 받을지 너무 설레기 때문이야.
마케터라서 평소 내 취향에 막혀 가닿지 못한 공간을 간접 체험하고 때론 나를 움직이게
만드는 것이 큰 힘이 된달까? 항상 고마워 그리고 사랑해. **- 짹짹**

주말랭아, 너 덕분에 요즘 주말이 너무 즐거워졌어. 사실 인터넷에 정보가 너무 많아서 뭘
찾아야 할지 모르겠더라고. 그래서 주말에도 집에만 있었는데, 네가 소개해준 곳들 보고 나니까
이제 새로운 곳도 자주 가게 되더라. 집순이에서 벗어나게 해줘서 정말 고마워.
앞으로도 재밌는 정보 많이 알려줘~! **- 유랭이**

주말랭이 덕분에 좋은 공간들을 소개받을 수 있고, 긍정적인 에너지를 전달받아 기분이 좋아져요!
매주 빼놓지 않고 보고 있는 레터. **- 썸어**

일주일 중 가장 행복한 시간을 고르자면? 역시나 주말이잖아! 우리의 행복한 주말을 책임지는
"주말랭이", 좋은 건 같이 나누자. **- 제스타일**

우리 몽쟈 늘 응원해. 화이팅! **- 또잉**

주말 혹은 쉬는날 어디갈지 고민하지 않아도 되게 말랑말랑한 주말을 보낼 수 있어서 좋다랭.
- 감귤김치

주말랭이 덕분에 제 주말이 더 다채로워졌어요. 어디서 찾은 거냐는 친구, 동료, 가족들의 말에
어깨 뿜뿜! 제 주변에 주말랭이를 성공적으로 전파할 수 있었답니다. 앞으로도 주말랭이의
좋은 콘텐츠들을 기대하고 응원할게요! **- 박희원**

주말랭이는 매주 제 메일함으로 주말을 맞이할 설레는 즐거움을 전해줍니다.
주말랭이가 여러분의 주말에 감칠맛을 더해줄 거예요 :) **- 붕어**

나는 지방에 살고 있어서 가끔 서울이나 제주도에 가는 것이 일 년에 몇 번 없는 큰 이벤트야!
그때마다 주말랭이 덕분에 완벽한 하루를 보낼 수 있어 감사하고 기뻐. 지방 곳곳의
일정들도 놓치지 않고 전달해줘서 고마워. **- 최초의 펭귄**

주말에 뭐 할지 찾아보는 시간이 아깝고 광고를 구분하기가 힘들었는데 매주 테마에 맞게 재밌고
다양한 정보를 찾아봐준 주말랭이, 최고다랭! **- 퍼플리**

주말랭이 덕분에 소소한 행복을 찾았다랭! - **꾸므**

주말랭이를 알면서 함께 할 수 있는 일들이 다양해지고 다양한 프로젝트를 알게 된 거 같아요.
공주에서의 올드타운스카팅 행사 통해 주말랭이를 알릴 수 있어 기뻤어요.
수선집 스테이 공간까지. 경험상점의 탄생도 축하드려요. - **소네**

구독한 지 얼마 되진 않았지만 애정하는 마음은 많은 것 같아요. 취미를 밖으로 많이 돌릴 때쯤
알게 되었는데 덕분에 이런저런 소식도 알 수 있었고, 좋은 장소도 많이 알아서 제 취미가 쭉
이어질 수 있었던 것 같아요. 언젠가의 하루를 온전히 나에게 쓸 수 있게 될 것 같아요 ㅎㅎ
- **창해**

백수일 땐 몰랐는데, 직장인이 되고 나니까 주말랭이 덕분에 주말을 더 설레는 마음으로 기다리게
되는 것 같습니다. - **김혁**

주말이 덕에 몰랐던 곳들이나 취미들에 대해 생각해보고 계획해볼 수 있어서 너무 좋습니다!
항상 좋은 콘텐츠 만들어주셔서 감사해요. 책 출간도 축하드려요. - **John**

주말에 대한 진심과 구독자들이 다채로운 주말을 보냈으면 좋겠다는 마음이 느껴져요.
제가 가장 많이 응원하는 팀이에요 ♡ - **영은**

주말랭이 없는 주말은 상상이 안 될 만큼 이미 내 삶에 깊숙이 들어와버렸어! 앞으로도 잘 부탁해.
- **주말좋아**

주말랭이를 보고 주말 계획을 짜다보면 주말을 더 알차게 보낼 수 있는 것 같아요!
앞으로도 잘 부탁드려요. - **yeonjudy**

뭔가 특별하고 즐거운 주말을 보내고 싶은데, 쏟아지는 정보의 홍수 속에서 취향에 맞는 먹을 것,
볼 것, 즐길 것을 찾는다는 게 너무 어렵던 차에 주말랭이를 알게 되었어! 사실 할 게 없기보다는
오히려 할 게 너무 많아 고르기가 쉽지 않은 세상이잖아. 그 안에서 보석 같은, 색다른 경험이
될 수 있는 것들을 한 발짝 먼저 찾아주고, 골라주고, 내밀어주는 주말랭이가 있어서 당장
이번 주말에, 다음 주말에, 그리고 더 나아가 내 소중한 시간 속에서 내가 하고 싶은 게 뭔지
알아가는 재미가 있어. 덕분에 이제는 더욱 주말다운 주말을 보낼 수 있게 되어 정말 고맙다는 말,
꼭 하고 싶었다랭♥ - **양랭**

주말을 책임지는 주말지기, 항상 응원합니다 :) - **john**

매주 출근 후에 글을 읽는 게 일상이 된 것 같아요. 늘 잘 읽고 있습니다.
앞으로도 좋은 글 기대할게요. 감사합니다! - **달빛산책자**

매번 신박하고 아름다운 곳들을 알려주는 주말랭이! 항상 애정해요. - **지우**

당신의 일상이 한 겹 더 다채로워지길 원한다면 주말랭이를 선택하랭! - **노아 랭랭이**

주말랭이 덕분에 얻은 즐거운 기억으로 쳇바퀴 같은 일상을 견디고 있어. 고마워! **- 이녕**

주말랭이는 SNS에 흔하게 보이는 정보가 아닌 에디터가 진심을 다해 고른 정보들을 보내줘요. 아마 모든 랭이가 그걸 느끼기에 이렇게 팬이 많아진 것 같아요. 매주 보석함을 열어보는 느낌입니다. 단순 정보전달 뉴스레터가 아닌 경험할 수 있는 하나의 새로운 플랫폼이 된 것 같아요. 앞으로의 모든 날이 기대되는 주말랭이! 항상 응원합니다! **- 소다**

주 5일을 일하는 직장인에게 이틀뿐인 주말은 더욱더 짧게 느껴지곤 합니다. 주말랭이는 그런 사람들에게 "그럼에도, 너의 이틀을 알차고 소중하게 사용했으면 좋겠어"라고 말해주는 레터예요. 일과 사람에 치여, 몸도 마음도 너덜너덜해진 내게 마지막 힘을 불어넣어 주는 친구 같고, 한창 튼튼할 나이에 일만 하는 내게 "너의 젊음을 누리렴" 하고 말해주는 좋은 어른 같기도 하지요. 주말랭이의 책 출간을 축하합니다. 인터넷이 어려운 사람들에게도, 모니터보다 종이에서 글자 읽기를 좋아하는 사람들에게도 주말랭이의 응원이 가닿기를 바라요.
더 멀리, 멀리 가닿기를 바라요. **- 민주**

금요일 아침이면 주말랭이가 기다려진다랭! 이번 한 주도 고생했고 주말은 신나게, 여유롭게, 힐링해보자고! 해보고 싶은 경험이나 가보고 싶은 곳이 보이면, 바로 예약하거나 나중에라도 가봐야지 하고 지도에 저장해놓고 다양한 경험을 공유할 수 있어 너무 좋다랭!
늘 열정으로 가득한 삶을 사는 저는, 너무 하고 싶은 것도 많고 가보고 싶은 곳도 너무 많아요! 요즘은 투잡 중이라 너무 정신없이 바빠고 놀지 못하는 주말이 많은데, 주말랭이 소식 보면서 다음 주에는 놀아야지, 다음 달에는 나도 가봐야지 하며 힘을 내요. 메일이 오거나 제가 들어가서 소식들을 찾아보면서 대리 힐링도 하고 크리스마스에는 이벤트에 당첨되어 엄마랑 너무 맛있게 먹었어요! 경험 상점을 통해서 디저트 오마카세도 가고! 카페도 가고! 우연히 알게 된 주말랭이는 이제 제 일상 속에 소소한 선물 같은 존재예용!! 앞으로도 열심히 보고 응원할게요! **- 연이랭이**

이번 주엔 뭘 할까? 고민이 사라지는 날 널 만났어. 주말랭이. **- 나루**

시대가(사람들이) 원하는 것을 잘 캐치한 '주말랭이'. 메이저 기업들과의 콜라보를 보며 '잘나가네' 했는데 책까지? 어디까지 가시려고 그러시나요? 유튜브도 곧 하시겠죠? 굿즈 제작+팝업까지도 벌써 생각하고 계실 것 같다는 예감이. 놀러가고 싶을 때 첫 번째로 생각나는 버티컬 미디어로 쑥쑥 성장해나가시길 빕니다. 화이팅! **- 김석중**

그냥 매주 에디터들의 사랑이 퐁퐁 애정이 뚝뚝 떨어지는 게 느껴지잖아요~ **- 동동랭랭**

금요일 출근길을 행복으로 가득 채워주는 주말랭이! 언젠가 주말랭이 에디터로 함께하면 좋겠어요! **- 현아**

좋은 정보를 많이 얻고 가서 좋습니둥. **- SGA**

일주일 중 온전하게 나로 살 수 있는 소중한 시간인 주말, 어떤 걸 가야 할지, 해야 할지 모를 때 좋은 정보, 소식 알려줘서 감사합니다! **- 노노노**

"뭘 고를지 몰라 준비해봤어" 엄청난 J인 저는 주말뿐만 아니라 평소에도 가장 재미있고 가장 알차게 시간을 보낼 수 있는 활동을 찾아 계획해요. 그런 제게 주말랭이는 "너 취향이 뭔지 몰라서 이것저것 준비해봤어"라고 이야기하며 즐길거리들을 소개해줘요! 그래서 그런가 구독하고 있는 뉴스레터는 많지만 주말랭이처럼 매주 기다려지고, 챙겨 읽는 건 없을 정도로 2021년부터 한 개도 빠지지 않고 읽고 있어요! (복권 사고 일주일을 행복하게 기다리는 아저씨의 마음이랄까...) 온라인 뉴스레터 발간으로 그치지 않고 찐랭이 모임(팬미팅ㅎㅎ), 북토크 등 다양하게 활동하고 도전하는 모습이 멋있고, 친구들이 함께 으쌰으쌰하는 모습을 응원 하게 되고 저도 닮고 싶어요~ 제게 매주 선물 같은 일주일을 만들어줘서 너무너무 고마워요 주말랭이♥ 우리 오래오래 롱런해요~!ㅎㅎ p.s 처음에는 저만 알고 싶은 뉴스레터였는데.. 이렇게 인기쟁이가 되어서 기분이 요상해요(?ㅋㅋㅋ) **- 율랭이**

무료한 주말에서 즐거운 주말로의 변신!! 주말랭이와 함께라면 늘 즐거워요!!
- 주말이즐거워진린쌩

저는 주말은 무조건 집에서 쉬어야 한다고 생각했던 사람입니다. 하지만 주말랭이를 만나고 나서 제 주말이 조금 더 다채로워졌다면, 믿으시겠나요? 주말은 집에서 쉬어야지 하던 제가 주말랭이를 보고 주말을 계획하게 되었어요. 다양한 활동과 경험을 통해서 주말이 다채로워지고, 그것 또한 쉼이 될 수 있다고 느꼈거든요. 주말랭이는 빨리 만날수록 좋은 것 같아요. 직접 만나지는 못 했지만 뉴스레터나 인스타그램을 통해 보는 주말랭이 에디터들의 따뜻함, 다정함이 주말을 보내는 데 행복함을 더해준답니다. **- 귤**

주말을 앞둔 금요일, 나만의 설렘 증폭제 주말랭이. **- 죠소**

SNS를 잘 안 하다보니까, 하나하나 찾기도 힘들고, 주말에는 그냥 집에서 쉬기만 했는데 (그것도 사실 좋지만요) 다양한 분야에 대해 이런 것도 있구나 할 수 있어서 정말 좋아요. 실제로 덕분에 북클럽에도 가입했고, 가볼 만한 곳 리스트가 늘었습니다! 매주 추천한 곳을 다 갈 수는 없지만 그래도 뿌듯해요. **- 불로소득**

금요일을 기다리는 두 가지 이유! 내일이면 주말이니까, 오늘은 주말랭이 레터가 오니까! 좋으면서도 재밌게 보내지는 못했던 주말을 주말랭이 덕분에 활기차게 보내고 있어요! 저희 가족에게 즐거운 주말을 선물해주어서 고마워요! **- 라온**

주말랭이의 권고로 인디 서점도 가보고 뜬금없이 고성 워케이션도 떠나보고, 지금은 주말농장을 알아보고 있어! 발 쉴 틈 없이 분주하지만 이 새로운 주말이 난 참 만족스러워. 고맙다랭!
- 발울씻자 트위터지기

알짜배기 장소들을 선정해줍니다! 우후죽순 가게들이 생겨나고... 리뷰를 봐도 믿을 수 없고... 선택을 잘하지 못하는데 취향에 맞는 시간들을 찾아주셔서 감사합니다. **- 사과**

주말이 더이상 두렵지 않다! 처음 그때는 응원의 마음으로 시작해서 지금은 적극적인 참여로 주말랭이를 함께 키워나가고 있어요. **- MOOn bro.**

카페와 맛집만으로 가득차 있던 나의 주말을 새로운 경험으로 채워주는 주말랭이!
이번 주말, 또 다음 주말엔 무얼 하면 보낼지 항상 기대하게 해줘서 고마워요.
주변에서 주말마다 왜 이리 바쁜지, 혼자만 재밌게 보내는지 물어보는데
이제는 책으로 그 비결을 공유할 수 있게 되었네요! **- 캔디젤리스윗**

누군가의 즐거운 시간을 위해 시간을 쓰는 것은 참 멋진 일입니다. 응원합니다. **- 정다운**

'나중에'라는 말로 한없이 뒤로 미뤄졌던 나의 주말을 다시 찾아 내 손에 쥐여준 주말랭이!
덕분에 좀 더 생생한 주말을 보내고 있습니다. 항상 고마워요! **- 전명명**

단순히 핫플레이스 소개하는 콘텐츠만 아카이빙하는 서비스가 아닙니다.
주말랭이만의 섬세하고 따뜻한 큐레이션이 주말 쉼의 완성도를 높여주고, 주말을 기다리게
한답니다. 한 장의 인생샷보다 하나의 인사이트를 느끼고 싶다면 이만한 큐레이션 서비스는
없다고 생각해요. 잘 보낸 주말은 또 평일을 열심히 살게 하고 싶어하는 힘을 주더라고요.
다들 계속 멋진 주말 보냅시다! **- 박에리**

산타 할아버지의 선물처럼 찾아온 여행에 나를 찾아~ 떠나본다! **- 오산타(산타방송국)**

주말랭이를 보면 즐거운 상상을 하게 되고 나의 휴식을 알차게 채우고 싶다는 마음이 들게 해.
앞으로도 오래도록 함께할 것 같아:) **- 조말랭이**

구독 중인 수십 종 뉴스레터 중에 제일 많이 Keep 하는 뉴스레터예요.
나중에 꼭 참고하고 싶은 꿀정보가 가득해서겠죠. **- 쟌느**

2024년 5월 31일 <주말랭이>의 187번째 레터 설문을 통해
주말랭이에게 전하고 싶은 응원을 모았습니다.

참여해주신 랭랭이 여러분, 고맙습니다!

6만 구독자 뉴스레터 성장일지

찐팬이 키운 브랜드
주말랭이

초판 발행 ⅃ 2024년 7월 19일

지은이 ⅃ 황엄지(몽자)
발행인 ⅃ 이종원
발행처 ⅃ ㈜도서출판 길벗
브랜드 ⅃ 리드앤두 READ ⅃ DO
출판사 등록일 ⅃ 1990년 12월 24일
주소 ⅃ 서울시 마포구 월드컵로 10길 56(서교동)
대표전화 ⅃ 02)332-0931 | 팩스 ⅃ 02)323-0586
홈페이지 ⅃ www.readndo.co.kr | 이메일 ⅃ hello@readndo.co.kr

리드앤두 ⅃ 김민기, 이정, 연정모 | 객원편집장 ⅃ 김보희
제작 ⅃ 이준호, 손일순, 이진혁
유통혁신 ⅃ 한준희 | 영업관리 ⅃ 김명자, 심선숙 | 독자지원 ⅃ 윤정아

편집 ⅃ 이가현 | 디자인 ⅃ 스튜디오 고민 | 전산편집 ⅃ 김정미 | 인쇄 및 제본 ⅃ 정민

· 리드앤두는 읽고 실행하는 두어들을 위한 ㈜도서출판 길벗의 출판 브랜드입니다.
· 잘못 만든 책은 구입한 서점에서 바꿔드립니다.
· 이 책에 실린 모든 내용, 디자인, 이미지, 편집 구성의 저작권은 ㈜도서출판 길벗(READ N DO)과
  지은이에게 있습니다. 허락 없이 복제하거나 다른 매체에 실을 수 없습니다.

ⓒ 황엄지(몽자), 2024

ISBN 979-11-407-1403-2 (03190)
(길벗 도서번호 700004)

정가 17,000원

독자의 1초까지 아껴주는 길벗출판사

(주)도서출판 길벗 | IT교육서, IT단행본, 경제경영, 교양, 성인어학, 자녀교육, 취미실용 www.gilbut.co.kr
길벗스쿨 | 국어학습, 수학학습, 어린이교양, 주니어 어학학습, 학습단행본 www.gilbutschool.co.kr

DOING Ⓩ CLASS

주말랭이와 함께하는 뉴스레터 시작 AtoZ

뉴스레터, 나도 시작해보고 싶지만
어떻게 해야 할지 막막했다면

<주말랭이> 발행인 몽자가 알려드립니다.

뉴스레터 주제 선정부터 실제 발행까지
초심자를 위한 영상 클래스 20강 패키지

COURSE

\>>뉴스레터 왜 해야 해? (3강)
\>>뉴스레터 기획하기 (4강)
\>>뉴스레터 역기획하기 (3강)
\>>워밍업 : 그럼 시작해볼까? (5강)
\>>첫 번째 뉴스레터 완성하기 (5강)

★★★ 따라만 하면 완성되는 영상강의 20강 패키지
★★★ 뉴스레터 시작을 돕는 노션 템플릿 4종 제공

『찌패이 키운 브랜드 주말랭이, 독자 혜택 >> QR 코드로 접속하면 20% 할인